Descubre tus
talentos ocultos

Guillaume Azzopardi

DESCUBRE TUS TALENTOS OCULTOS

Todas las herramientas imprescindibles
para tener éxito en la vida

A pesar de haber puesto el máximo cuidado en la redacción de esta obra, el autor o el editor no pueden en modo alguno responsabilizarse por las informaciones (fórmulas, recetas, técnicas, etc.) vertidas en el texto. Se aconseja, en el caso de problemas específicos —a menudo únicos— de cada lector en particular, que se consulte con una persona cualificada para obtener las informaciones más completas, más exactas y lo más actualizadas posible. EDITORIAL DE VECCHI, S. A. U.

Para ponerse en contacto con el autor diríjase a la siguiente dirección de correo electrónico: g.azzopardi@wanadoo.fr.

Traducción de Nieves Nueno.
Ilustraciones del interior: Marie Lemasson.
Diseño gráfico de la cubierta: © YES.

© Editorial De Vecchi, S. A. 2018
© [2018] Confidential Concepts International Ltd., Ireland
Subsidiary company of Confidential Concepts Inc, USA
ISBN: 978-1-64461-171-5

El Código Penal vigente dispone: «Será castigado con la pena de prisión de seis meses a dos años o de multa de seis a veinticuatro meses quien, con ánimo de lucro y en perjuicio de tercero, reproduzca, plagie, distribuya o comunique públicamente, en todo o en parte, una obra literaria, artística o científica, o su transformación, interpretación o ejecución artística fijada en cualquier tipo de soporte o comunicada a través de cualquier medio, sin la autorización de los titulares de los correspondientes derechos de propiedad intelectual o de sus cesionarios. La misma pena se impondrá a quien intencionadamente importe, exporte o almacene ejemplares de dichas obras o producciones o ejecuciones sin la referida autorización». (Artículo 270)

Introducción

> *Es necesario conocerse a uno mismo; cuando eso no sirva para hallar la verdad, al menos servirá para ordenar la propia vida, y no hay nada más acertado.*
>
> BLAISE PASCAL, *Pensamientos*

Desde que el hombre es hombre, va en busca de su identidad. Hoy en día, en un mundo que pierde sus referencias, cada vez más complejo, esta búsqueda de identidad se ha vuelto primordial, pues es la clave de una buena adaptación a la vida moderna, del éxito y, en definitiva, de la felicidad.

Muchas de nuestras pequeñas y grandes desdichas, insatisfacciones, errores y decepciones se deben a que ignoramos de qué pasta estamos hechos y de qué somos capaces realmente (todos tenemos dones y talentos ocultos, desconocidos, que no utilizamos o que utilizamos poco).

¿Cómo aprender sobre uno mismo? El medio más inmediato es la experiencia: nuestros actos nos enseñan siempre algo acerca de nosotros mismos si nos tomamos la molestia de reflexionar. Pero se trata de un aprendizaje a ciegas: nos conocemos tanteando, a base de ensayos y errores.

Otro modo de aprender es partir de datos objetivos. El rostro, el cuerpo, las manos y la caligrafía, pero también el signo astrológico, los comportamientos o los sueños, pueden decir mucho sobre nuestra verdadera personalidad. Ese es el camino que propone este libro, el cual proporciona todas las herramientas imprescindibles para descifrar mejor nuestro yo y saber más sobre nosotros mismos y sobre los demás.

El libro nos enseña a conocernos bien para aprovechar a fondo todo el potencial de nuestra personalidad y tener más éxito en la vida.

El rostro

Nuestras necesidades, deseos, esperanzas y temores se reflejan en el rostro (tanto en el nuestro como en el de los demás). No hace falta haber estudiado psicología para eso. ¡Basta un buen espejo!

La estructura

- *Se inscribe en un óvalo (tipo respiratorio)*
Carácter general: orientado hacia los demás. Los deseos, aspiraciones y ambiciones están socializados y buscan más la aprobación que la satisfacción. Gran sociabilidad (amabilidad, cortesía, humor estable).
   Forma de adaptación: se apoya en los demás para resolver los problemas, y a veces descarga en ellos sus dificultades.

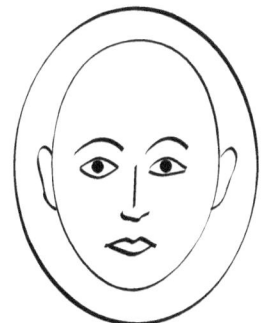

- *Se inscribe en un cuadrado o un rectángulo (tipo muscular)*

Carácter general: necesidad de acción (búsqueda de eficacia, de rendimiento), de afirmación personal (social, creativa), gusto por el riesgo. Las ambiciones están dominadas (se realizan con el tiempo); los esfuerzos, controlados.

Forma de adaptación: afronta las situaciones de frente, a veces sin matices.

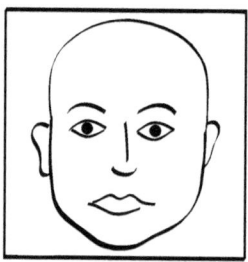

- *Se inscribe en un trapecio (tipo digestivo)*

Carácter general: calma (reacciones lentas pero profundas, emociones débiles pero duraderas), resistente más que combativo. Las actividades persiguen la optimización (bienestar, comodidad material...).

• *Se inscribe en un triángulo (tipo racional)*
Carácter general: secreto para defenderse de una extrema vulnerabilidad (vive en sí y para sí).
Posee una cierta tendencia a la retirada (es habitual que tenga una postura y unas actitudes forzadas, así como emociones y reacciones controladas).
Forma de adaptación: analiza las situaciones y sus posibilidades, pero a menudo permanece en el plano de la idea.

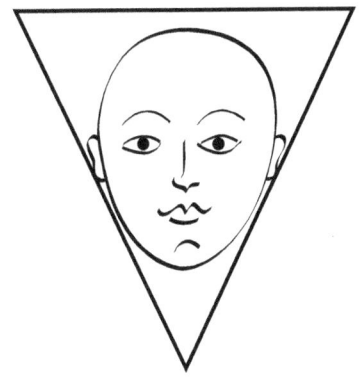

El marco

• *Ancho (dilatado tónico)*
Los rostros anchos implican extroversión (amabilidad, optimismo), una buena adaptación a la vida y las relaciones sociales, sentido de lo concreto (focalización en

el presente y el futuro inmediato), carácter muy emprendedor (necesidad de logros y cambios) y buena aptitud comercial.

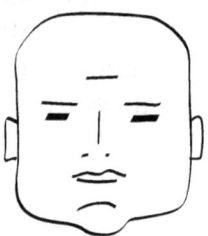

- *Estrecho (retraído lateral)*

Por su parte, los rostros estrechos resultan menos estables, más impulsivos e irregulares tanto en sus costumbres como en sus proyectos.

Es frecuente que también se muestren más sensibles a las diversas influencias externas (necesidad de pertenencia a un determinado ambiente, como por ejemplo urbano, moderno..., una tribu o un clan) y cambiantes (alternancia de momentos de entusiasmo y de tristeza).

El área dominante

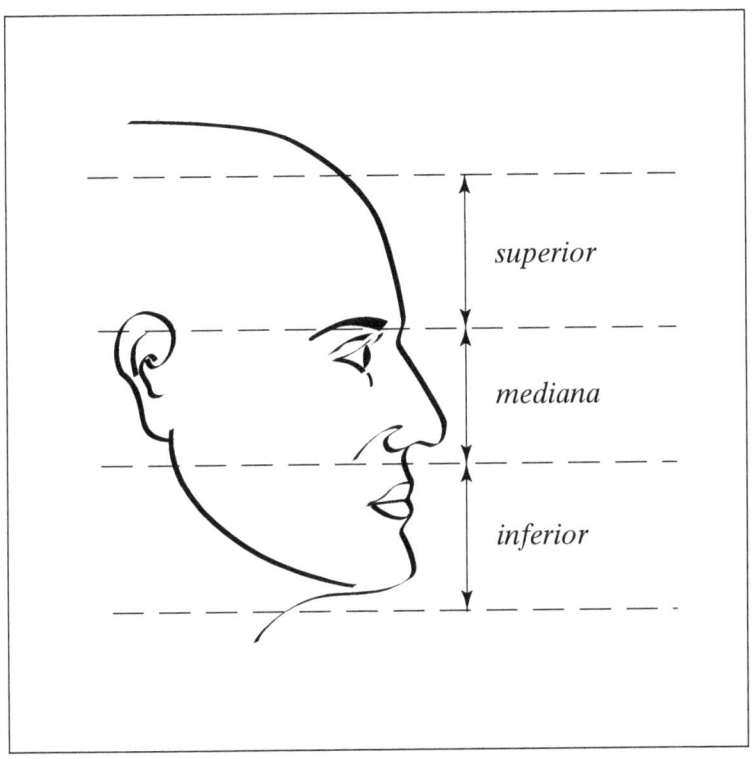

- *Predominio del área superior (zona comprendida entre la parte alta de la frente y la línea de las cejas): dominio racional*
Mente analítica (gusto por las abstracciones y los sistemas) y aplicación (perseverancia), pero rigidez (racionalización, no deja espacio a la fantasía, a lo imaginario). O imaginación y comprensión intuitiva de las situacio-

nes, pero mala adaptación a la realidad concreta (falta de estabilidad, de sentido práctico y de perseverancia en las actividades).

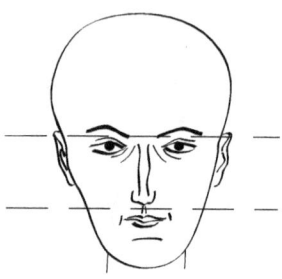

- *Predominio del área mediana (zona comprendida entre la línea de las cejas y el espacio naso-labial): dominio afectivo*
Sociofilia (amabilidad sin discriminación, tolerancia), homogeneidad del flujo emocional (optimismo), autosatisfacción, gusto por la comodidad física y la material. Necesidad de contacto con los demás (numerosas amistades y relaciones), búsqueda de aprobación (preocupado por su imagen y su reputación).

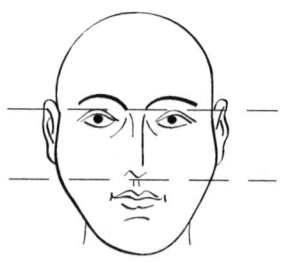

- *Predominio del área inferior (zona comprendida entre el espacio naso-labial y la punta de la barbilla): dominio sensorial*
Fuertes impulsos instintivos. Búsqueda de satisfacciones materiales. Tendencia a medir el valor personal según los éxitos profesionales y el poder adquisitivo.

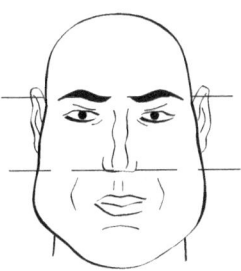

- *Equilibrio de las tres áreas: buena integración de la razón, la emoción y el instinto*
Necesidad de dominio (autoridad), escaso sentimentalismo (búsqueda del respeto o el aprecio más que del amor), franqueza, rectitud.

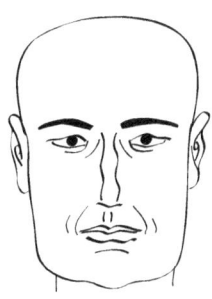

El modelado

- *Tipo expansivo controlado*

Modelado redondeado con caras planas (pómulos, mejillas hundidas): necesidad constante de contactos afectivos, de intercambios sociales, fuerte empatía (sensibilidad a los sentimientos de los demás), pero carácter muy selectivo.

- *Tipo equilibrado*

Modelado regular (hueco y relieves moderados): regulación de los instintos, los sentimientos y los pensamientos. Moderación, reflexión y serenidad son las palabras clave de los comportamientos (afectos ponderados, ambiciones mesuradas, riesgos calculados, humores templados, juicios prudentes).

- *Tipo retraído abollado*

Modelado contrastado (hueco frontal, pómulos salidos y mejillas hundidas…): impulsos contradictorios (amor/odio, deseo/desgana), conflictos internos que derivan en excesos, moderación, indiferencia seguida de fuertes impulsos pasionales (puede hacer un drama de todo) y relaciones socioprofesionales a menudo conflictivas.

- *Tipo reactivo*

Gran apertura de los receptores (ojos, nariz, boca), que son a la vez anchos (vistos de frente) y a flor de rostro (vistos de perfil): intensa reactividad frente a los estímulos exteriores (movilidad, inteligencia viva, vulnerabilidad a los ambientes, facilidad para las relaciones sociales).

▪ *Tipo concentrado*
Los receptores están cerrados (ojos juntos, nariz y boca estrechas).

Este tipo de modelado representa poca sensibilidad a las influencias externas, autocontrol (temperamento flemático aparente, un apasionado en frío), voluntad de acción (perseverancia a pesar de los obstáculos), potencia de trabajo (gran capacidad de concentración).

▪ *Tipo rebajado*
Parte inferior del rostro estrecha, labios apretados, contorno del maxilar superior e inferior delicado.

Todas estas características físicas representan: sensibilidad viva, reflejos defensivos, agresividad indirecta (mal humor, críticas permanentes, juicios negativos) o explosiva (ataques de cólera).

La frente

▪ *Recta*
Reflexión, racionalidad, previsión y prudencia.

- *Prominente en su parte superior*

Mente deductiva, con tendencia a la obsesión, razonadora.

- *Abombada*

Este tipo de frente simboliza una gran facilidad para la adaptación, gran intuición, inocencia, espíritu soñador (sueños de éxito).

- *Ancha*

Una extensión de las facultades de memoria e imaginación, y una amplitud de miras se aprecia en frentes anchas como la de la ilustración.

- *Estrecha*

Una frente estrecha, como la de la imagen, refleja un pensamiento focalizado (intereses limitados), pocas aspiraciones (falta de ambición), bloqueos, inhibición en la acción.

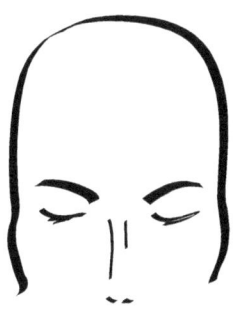

- *Alta y redondeada (en forma de «cúpula»)*
Es propia de personas que poseen una alta capacidad de abstracción, idealismo y tendencias hacia el misticismo.

- *Alta y estrecha*
Una frente como esta refleja una fuerte polarización mental (obstinación, ideas fijas, prejuicios), intereses selectivos, pensamiento obsesivo, bloqueos y miedo al cambio.

- *Prominente (línea saliente superciliar)*

Una frente de este tipo refleja un agudo sentido de lo concreto y de observación, así como una considerable fuerza física.

- *Depresión central*

Este tipo de frente es habitual en personas en las que son características las inhibiciones en la acción, las ideas firmes y la tozudez.

La nariz

- *Recta*
Equilibrio, ponderación, sensibilidad, apertura.

- *Convexa*
Extroversión, fuerza de los instintos, impulsividad, carácter voluntarioso, deseo de dominación.

- *Cóncava*

Introversión, receptividad, sentido de la adaptación al ambiente.

- *Caída*

Repliegue en uno mismo, racionalidad, seriedad, necesidad de control, prudencia, frecuentes sentimientos de melancolía.

- *Respingona*

Impulsividad, curiosidad, necesidad de novedad, carácter a veces caprichoso.

- *Abollada*

Introversión, sentido de la reflexión, inteligencia sutil y analítica, perspicacia.

- *Aguileña*
Extroversión, sentido de la acción, autonomía (independencia), carácter emprendedor.

- *Línea saliente ancha*
Vitalidad (gran resistencia orgánica). Fosas nasales abiertas: fuerte capacidad sensorial.

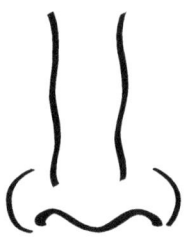

- *Línea saliente fina*
Delicadeza y discernimiento, resistencia nerviosa.

- *Base ancha (dilatada)*
Extroversión, capacidad sensorial, hipersensibilidad al ambiente, impulsividad.

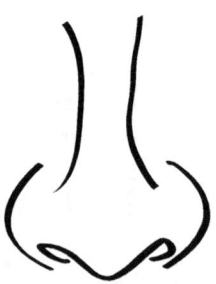

- *Base estrecha (cerrada)*
Introversión, repliegue en uno mismo, racionalidad, control de las emociones.

- *Punta redonda, carnosa*
Gran sentido de la amabilidad, capacidad sensorial con pocos matices.

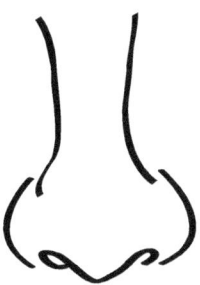

- *Punta fina*
Desconfianza, espíritu crítico.

- *Espacio naso-labial (entre la base de la nariz y la parte superior de los labios) largo*
Gran tendencia al dominio de los impulsos y los instintos, autocontrol.

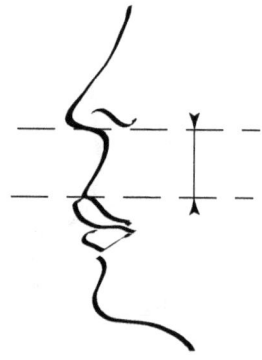

- *Espacio naso-labial corto*
Reacciones espontáneas, impulsividad liberadora (deseos y aspiraciones afirmados).

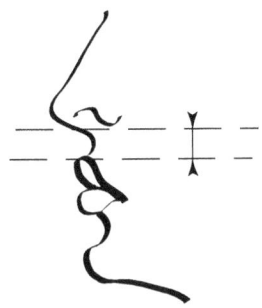

La boca

- *Pequeña*
Reserva, carácter selectivo, discernimiento.

- *Grande*
Necesidad de contactos sociales, de comunicación, cierta codicia.

- *Delgada y rectilínea*
Represión de los impulsos instintivos (control de las ambiciones), predominio de la racionalidad.

- *Carnosa y sinuosa*
Afectividad dominante, sentimentalismo.

- *Labio superior más delgado*
Control de los impulsos instintivos y deseos, firmeza (objetividad, intolerancia); más prominente: rechazo, desdén, agresividad.

- *Labio inferior más delgado*
Afectividad contenida, interiorización de los sentimientos, bloqueos sexuales; labio prominente: deseos instintivos (comida, sexo) afirmados.

- *Comisuras un poco caídas*
Espíritu crítico, insatisfacción, pesimismo.

- *Comisuras levantadas*
Encanto, seducción, optimismo, fuerte capacidad sensorial.

La barbilla

- *Cuadrada*
Mucha energía y resistencia física (combatividad, capacidad de aguante).

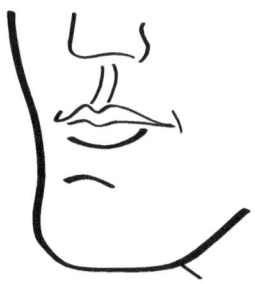

La voz

Una voz es como una huella digital: la voz de cada persona es única, sin embargo, cuando se hace abstracción de las particularidades es posible clasificarlas en tres grandes categorías:

- *La voz retenida*

Es segura y precisa, o bien sorda y lenta, aunque siempre un poco monótona (se percibe una ausencia o escasez de exclamaciones, de cambios de ritmo o de tonalidad). Quien la posee es una persona seria, pero un poco prisionera de sus propias limitaciones, que podría tener tendencia a bloquearse en caso de desacuerdo o de imprevistos.

- *La voz sin retención*

Es fuerte y sonora, o aguda y rápida, pero siempre muy «ruidosa» (numerosas exclamaciones, cambios frecuentes de ritmo y tonalidad). Revela una personalidad bastante dominadora (o que quiere serlo), que toma decisiones rápidas y que no retrocede ante los enfrentamientos.

- *La voz «musical»*

Es redonda, melodiosa, a menudo agradable hasta el punto de que se presta menos atención a las palabras y más al fraseado y al tono. Revela a alguien sumamente sociable, tolerante y conciliador (que busca más el entendimiento que los puntos de desacuerdo).

- *Redonda*
Carácter emprendedor, necesidad de dominio, fuertes ambiciones.

- *Puntiaguda*
Rápida excitabilidad, inestabilidad, agitación. Alternancia pronunciada de periodos de euforia con otros de melancolía.

- *Carnosa y firme*
Sociabilidad, cordialidad.

- *Salida*

Necesidad de afirmarse, carácter voluntarioso.

No obstante, cuando la mandíbula es ascendente muestra que la combatividad es más intelectual que física, ciclotímica.

- *Metida*

Indecisión, dudas acerca de uno mismo, frecuentes insatisfacciones.

- *Prominente*

Necesidad de dominar, carácter combativo y bastante ambicioso.

- *Ascendente (un poco prominente)*
Nerviosismo, introversión, carácter de oposición.

- *Mandíbula angulosa*
Recursos físicos, resistencia, determinación, tenacidad.

- *Mandíbula ascendente*

Recursos mentales, sentido de la adaptación y de las relaciones (sociabilidad).

Los ojos

El tamaño y la forma de los ojos, de las cejas... nos muestran muchas cosas sobre las personas.
¿Quiere saber quién es usted en realidad, con quién se enfrenta?
No hay problema, podrá verlo a simple vista.

Las cejas

- *Rectas*

Deseo de acción y autodominio, objetividad.
Si hay mucho espacio entre ellas: intuición, comprensión rápida.

- *Oblicuas*
Mente escrutadora, penetrante. Si el «puente» entre las dos cejas es estrecho: pensamiento selectivo, madurez.

- *Arqueadas*
Receptividad, enfoque subjetivo y afectivo de las situaciones (persona que funciona por instinto).

- *Tupidas, enmarañadas*
Vitalidad, fuerza de carácter (desconfiado), mente rigurosa en materias morales *(dura lex, sed lex)*.

- *De fauno*
Independencia, sentido crítico, ironía.

- *Caídas*
Introversión, escepticismo, melancolía.

- *Levantadas*
Sensibilidad, delicadeza.

- *Muy separadas*
Temperamento artístico (exterioriza su sensibilidad), carácter evasivo (poco claro, impreciso).

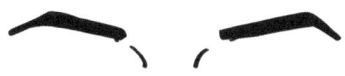

- *Poco separadas o unidas*
Mentalidad centrada sólo en ciertas cosas (manías, fobias) y en una sola a la vez (efectos retardados).

- *Muy espaciadas en el nacimiento de la nariz*
Percepción y comprensión intuitivas e inmediatas de la gente y los acontecimientos (capta deprisa).

- *Poco espaciadas*
Percepción y comprensión más racionales y lógicas que intuitivas (aprende con gran rapidez).

La forma de los ojos

- *Separados con normalidad (distancia entre las pupilas igual a la distancia pupila-punta de la nariz)*
Indicio de equilibrio psicoafectivo, capacidad de control.

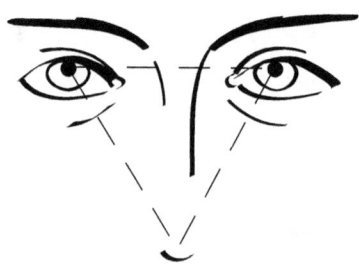

- *Muy separados*

Atención difusa (lo ve todo sin mirar), que da preferencia a las impresiones globales y a la visión de conjunto sobre los detalles. Concepción rápida (ve deprisa), mente sintética (comprende deprisa).

- *Bastante juntos*

Atención concentrada, mente analítica, sentido del detalle, focalización en los detalles, concepción lenta.

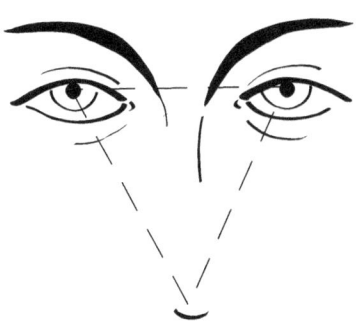

- *Pequeños*

Interiorización, inhibiciones (dificultades para comunicarse), naturaleza reservada.

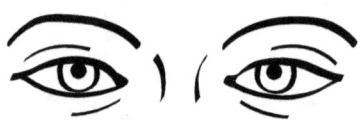

- *Grandes*

Emotividad (controlada, pero que puede traicionarse con facilidad); levantados hacia el exterior (oblicuos): dinamismo, rapidez de reacciones, necesidad de seducción (de fascinar).

- *Oblicuos (levantados hacia el exterior)*

Vivacidad, movilidad, relaciones de seducción con el mundo exterior.

- *Inclinados (caídos)*
Lentitud de reacciones, resignación a los acontecimientos, renuncias, tristeza.

- *El ojo izquierdo más cerrado que el derecho*
Simboliza problemas con la madre (ausente o sofocante), el pasado afectivo (insuficiencia de mimos, trauma sexual, etc.).

- *El ojo derecho más cerrado que el izquierdo*
Esta característica suele significar problemas con el padre (indiferente o seductor), la ley, lo social (dificultades de integración, problemas materiales, angustias sobre el futuro).

El color de los ojos

El color de los ojos resulta también muy revelador en lo que se refiere a las tendencias profundas de sus poseedores. Sin ser una verdad indiscutible, posee un buen valor indicador.

- *Los ojos azules (y sus variantes verde y gris)*
Revelan una personalidad más atenta al fondo que a la forma. Los «ojos azules» raramente juzgan a los demás por la imagen, las actitudes y las intenciones aparentes. Prestan más oído al sentido de las palabras que a la música.

Se preocupan menos de gustar que de ser comprendidos y también son menos sensibles al qué dirán, a las opiniones de la gente.

Como dan la impresión de no ver a los demás (a menudo es cierto), de no escucharlos (lo cual suele ser falso), con frecuencia se les percibe como distantes (tímidos, desdeñosos...), cerrados, poco disponibles. No tienen el contacto fácil, no se comunican con espontaneidad (suelen expresarse poco y, en algunos casos, nada en absoluto).

- *Los ojos castaños*
Revelan una personalidad muy sensible a las apariencias, tanto a la suya (en general, los «ojos castaños» prestan mucha atención a su imagen, tienden a vestirse a la moda aunque tengan que sacrificar un poco su comodidad y necesitan gustar) como a la de los demás (los «ojos castaños» juzgan a menudo a las personas sólo por su vestimenta, prestan una atención particular a la forma de expresarse: actitudes, miradas, gestos, mímicas, tonos de voz..., más que a lo que se dice).

Son muy expresivos y también tienden a ser volubles, a expresar con espontaneidad lo que sienten o piensan. Siempre están dispuestos en todo momento a hacer favores (enseguida se sienten inútiles, rechazados, cuando no se les necesita o cuando no se acepta o se ignora su ayuda).

La mirada

La dirección de la mirada (movimientos rápidos, de duración inferior a un segundo, de los ojos hacia arriba, hacia abajo, etc.) es muy reveladora de la forma de pensar (no de lo que se piensa, sino de cómo se piensa).

- *Los ojos se mueven hacia arriba y hacia la izquierda (desde el punto de vista del observador)*
Este movimiento muestra que se ve una cosa que no se había advertido antes. Puede tratarse de una nueva idea, de la comprensión de una situación, del descubrimiento de una oportunidad...

- *Los ojos se mueven hacia arriba y hacia la derecha*
Es una señal de que uno se acuerda de algo conocido, un recuerdo que puede ser positivo («Esta mujer me recuerda un poco a una amiga») o negativo («La última vez que un hombre me dijo eso me engañó»).

- *Los ojos en el centro, en el vacío (mirada perdida, con una ligera dilatación de la pupila)*
Es la prueba de que uno se pregunta algo («¿Qué es esto: carne o pescado?»), de que duda del otro («Me he tropezado con un asesino en serie») o de uno mismo («Me da miedo decir una tontería»), o de que se tiene prisa por acabar («Rápido, que me deje en paz»).

- *Los ojos en el centro, hacia la derecha*
Se oyen sonidos externos: eso demuestra que no se escucha de verdad (se sigue la conversación de la mesa de al lado, el programa de la tele...).

- *Los ojos en el centro, hacia la izquierda*
Se oyen sonidos internos: eso demuestra que no se comprende (se escuchan los pensamientos propios en lugar de estar atento a la persona que habla, o bien se tiene la mente obsesionada por la última canción de moda o por una sintonía publicitaria).

- *Los ojos centrados, fijos, casi sin parpadear (menos de dos o tres parpadeos por minuto)*
Ello revela la idea obsesiva (la lista de la compra, un hombre al que se ha encontrado seductor), el temor (a despertar sospechas, a ser acosado o agredido), la mentira o la mala intención.

- *Los ojos hacia abajo y hacia la izquierda*
Eso demuestra que se experimentan sensaciones («Este hombre me pone la piel de gallina») o emociones («Me pone nervioso», «Me da miedo»), o también la premeditación («Si se lo digo, será mejor que lo haga con suavidad») o el disimulo («¡Cómo me aburre con sus historias!»).

- *Los ojos hacia abajo y hacia la derecha*
Es señal de un conflicto interno: «Voy (sé que no debería) o no voy (aunque tengo muchas ganas)», «¿Qué es mejor, el sorbete de plátano y fresa o el helado de tiramisú?, ¿Mac o PC?, ¿Pedro o Pablo?».

- *Los ojos arriba y en el centro*
Es señal de un diálogo con «poderes superiores» (se apela al cielo, a Dios, al destino, a la suerte, etc.). También revela que se reconoce la propia impotencia («Ya

no sé qué hacer para que el chico deje de tomar la casa por un hotel»), que uno se resigna a una situación bloqueada, a una incomprensión («¡Dios mío! No se da cuenta de lo que hace»). Con la cabeza baja (le miran o mira desde abajo), el movimiento denota cierta forma de sumisión.

El cuerpo

Cerebral, respiratorio, digestivo, muscular... Cada tipo morfológico está en correlación con una problemática fisiológica y psicológica en particular que se traduce en excesos. Son «defectos» que usted puede corregir para sentirse mejor. Desvístase y mírese en un espejo. ¿Qué es lo que domina en usted: la parte superior (cabeza, hombros), el centro (tórax) o la parte inferior (abdomen, caderas)?

Área superior dominante

— Volumen craneal dominante con respecto a la cara;
— cabeza «dominante» con respecto al cuerpo;
— miembros y musculatura poco desarrollados;
— rostro de forma más bien triangular.

Todos estos rasgos caracterizan al **tipo cerebral**.

¿Qué es la morfopsicología?

La morfopsicología es una ciencia que trata de establecer una tipología según unas constantes físicas (teniendo en cuenta los aspectos anatómicos y fisiológicos) vinculadas a tendencias psicológicas.

En su origen, se basaba en unas mediciones rostro-cuerpo.

A principios del siglo XX, Sigaud, y después Mac Auliffe, establecen una primera clasificación basada en medidas concretas.

Mediante el estudio de las conformaciones generales del cuerpo, la estatura, el peso, el perímetro torácico, la osamenta, la musculatura y las diferentes formas y dimensiones del cráneo y de la fisonomía, definen de esta manera cuatro grandes tipos.

Estos tipos son los siguientes: cerebral, respiratorio, digestivo y muscular.

Cada uno de los tipos citados anteriormente corresponde a unas necesidades fisiológicas, así como a unas tendencias de comportamiento específicas.

Además, al mismo tiempo, estos tipos implican preferencias de alimentación, salud, forma y conductas.

Hoy en día, la morfopsicología recurre cada vez más a otras disciplinas como, por ejemplo, la embriología, la endocrinología, la psicometría, etc., para constituir sólidas bases de datos.

> *Tipo cerebral como...*
>
> Nicole Kidman, Calista Flockhart, Lucy Liu, Courtney Cox, Carla Bruni, Charlotte Rampling, Céline Dion, Johnny Depp, Sean Penn, Robert de Niro, Michael Douglas...

FICHA DESCRIPTIVA

Morfotipo: retraído. Físico longilíneo, poco carnoso. Partes torácica y abdominal también estrechas. Cráneo y frente muy desarrollados, rasgos de la cara estrechos, con ángulos puntiagudos o huidizos. Miembros delgados, menudos; osamenta bastante fina, frágil.

Órganos frágiles: riñón y vejiga; problemas de cabello leves (caspa), de eliminación (estreñimiento), óseos, dentales.

Estación predilecta: invierno; reactividad al frío y a la sequía.

Dominante afectiva: el miedo; necesidad de sueño, estabilidad y relaciones privilegiadas.

Sentido privilegiado: el oído; introversión, control (de las emociones y la afectividad) y vocación de psicólogo (sabe escuchar), aunque también pesimismo, tozudez y misantropía.

Planeta: Mercurio (racionalidad, discernimiento y escepticismo); gusto por los estudios, el trabajo, los libros, la lógica, las abstracciones, la psicología.

Tendencias psicopatológicas: fobias, delirios maniáticos, anorexia, accesos depresivos, autodestructivos, suicidas.

Las características fisiológicas

Necesidades fundamentales: sueño y seguridad (escasa vitalidad). Sufre a menudo hiperhidrosis (pierde el agua), lo que da lugar a desmineralización y carencias (hierro, magnesio), trastornos nerviosos (insomnio, espasmofilia, vértigos, zumbidos de oídos), dolores lumbares, problemas dentales (caries, infecciones).

Hábitos adecuados: ritualizar las comidas (comer a horas regulares, cocinar, preparar una bonita mesa, evitar comer a solas, de pie, entre dos puertas o interrumpida por llamadas telefónicas…), el sueño (no dormir durante el día o demasiado temprano, antes de las 11 de la noche, dormirse y levantarse a horas fijas), la vida cotidiana (horarios de trabajo y ocio regulares), pero procurando renovar los intereses y polos de atracción.

Las características psicológicas

• La manía del orden: ordena y limpia sin parar, llega siempre con antelación a las citas, es muy ahorrador, etc. O bien todo lo contrario, el abandono: no llega nunca a la hora, nunca entrega el trabajo en los plazos, muestra un comportamiento derrochador con el dinero, etc.

• La falta de tolerancia: no soporta que toquen sus cosas, cree que siempre tiene razón, que lo hace todo mejor que los demás…

• El perfeccionismo: siempre trata de hacerlo todo mejor, de cambiar a los demás; se esfuerza por controlarlo y organizarlo todo hasta el menor detalle…

• La desconfianza: a menudo tiene miedo de que le engañen, con frecuencia tiende a dramatizar y a ver peligros en todas partes…

- La deficiencia de ternura, de mimos: le cuesta manifestar sus sentimientos, toca poco, sufre bloqueos o repugnancias insuperables...

Las acti1tudes adecuadas

1. Aceptarse uno mismo
Nadie tiene cero defectos. Cuando uno no es muy ambicioso (deportista, alta tecnología...), no se esfuerza por llegar a ser perfecto. Cuanto más se obsesione con lo que no funcione en usted, más se estresará. Por eso, es mejor que aproveche sus cualidades en lugar de centrarse en sus defectos.

2. Fijarse objetivos y modelos realistas
Cuando se pone el listón demasiado alto (tanto que se vuelve imposible), uno se convierte en un insatisfecho crónico y se guarda rencor por no llegar a superarlo y dejarlo atrás.

3. Conformarse con hacer las cosas bien
Ya es mucho. Si uno intenta hacer las cosas demasiado bien, a menudo se pierde en los detalles: pierde de vista el objetivo principal y no acaba nada o bien no lo hace todo.

4. No intentar hacer demasiado
En la vida hay imprevistos (contratiempos, problemas de transporte, encuentros...). Cuando uno llena de actividades y de ocupaciones la jornada, no le queda ningún momento para hacer frente a los problemas o aprovechar los placeres inesperados, lo que provoca un estrés adicional.

5. Pensar en términos de soluciones
En la vida nada ocurre exactamente como se había previsto. Hay contratiempos, incidentes y también cambios. Cada vez que se piensa en términos de problemas se sufren bloqueos. Por el contrario, al preguntarse «¿Qué puedo hacer?» en lugar de criticar («Nunca llega a la hora»), acusar («Es culpa suya»), o lamentarse («Antes era mejor»), se avanza.

Área mediana dominante

— Tronco relativamente pequeño, en forma de trapecio;
— hombros anchos;
— caja torácica muy desarrollada en anchura y altura, más que el abdomen;
— rostro de forma más bien ovalada.

Todos estos rasgos caracterizan al **tipo respiratorio**.

Tipo respiratorio como...
Monica Bellucci, Kim Basinger, Lara Fabian, Catherine Deneuve, Sharon Stone, Sophie Marceau, Laetitia Casta, Benicio del Toro, John Travolta...

Ficha descriptiva

Morfotipo: redondo. La parte superior del cuerpo suele estar bastante más desarrollada que el resto; el rostro tiene forma claramente ovalada. La estatura es más bien alta; es frecuente que el cuerpo de una impresión de flexibilidad y plasticidad. Miembros redondos y más bien menudos.

Órganos frágiles: tanto el corazón como el intestino delgado son los órganos que más atenciones requieren. Es frecuente que se den fenómenos de tipo congestivo y que acaben teniendo posibles consecuencias cardiovasculares.

Estación predilecta: verano; es habitual una cierta reactividad al calor.

Dominante afectiva: la alegría (aunque también suele darse su contrario, la angustia); es habitual que manifieste una gran necesidad de llevar a cabo diferentes tipos de actividades, de realizar y disfrutar de salidas al aire libre, de un público.

Sentido privilegiado: el habla; siente una incontrolable necesidad de relacionarse con los demás (participar, hacerse imprescindible) y un gran sentido de la adaptación (encanto y diplomacia), aunque también es frecuente una cierta superficialidad (frivolidad, dispersión, inconstancia).

Planeta: Júpiter (este planeta simboliza autoridad, benevolencia y optimismo); gusto por la aventura, los viajes, la comodidad, los bienes materiales y las buenas obras (tanto individuales como sociales y humanitarias).

Tendencias psicopatológicas: ataques de pánico y comportamientos histéricos, ciclotimia (es muy habitual que se dé una curiosa alternancia entre fases eufóricas y depresivas).

Las características fisiológicas

Necesidad fundamental: oxigenarse para mejorar la circulación sanguínea (y luchar contra los ataques de hambre) e irrigar bien el cerebro, para evitar la inestabilidad afectiva, la alternancia de fases eufóricas (se entusiasma, se enamora sin parar, habla sin cesar, coquetea de forma sistemática, etc.) y de tristeza (duda de sí mismo, lo dramatiza todo, se hunde al menor reproche, se enfurruña, etc.).
Hábitos adecuados: moverse. Debe gastar como mínimo 2000 kilocalorías por semana. Esto se traduce en un ejercicio físico que prodría suponer 6 horas de caminata (mínimo vital de 3 a 5 km al día para mantenerse tonificado), 4 horas de bicicleta o patinaje, o 3 horas de correr.
Así pues, evite permanecer encerrado, sentado delante de la televisión durante muchas horas, pero busque también más periodos de recuperación (espacie las salidas, quédese tranquilo en casa con un buen libro) y salga a vivificarse con regularidad en climas tonificantes (Atlántico, montaña).

Las características psicológicas

• Duda de sí mismo (en muchos casos, a pesar de aparentar una gran seguridad): tiene una necesidad excesiva de alabanzas y regalos, y tiende a hundirse al menor reproche.

- Con frecuencia idealiza a los demás: se encapricha demasiado rápido, se enamora con mucha facilidad, telefonea cinco veces al día tres días después de un encuentro...
- Tiene una necesidad excesiva de ser amado: es habitual que espere todo del otro, a menudo pide demasiado, no soporta las frustraciones y vive con el temor a ser abandonado.
- Es hipersensible: dramatiza, sufre crisis y teme los cambios.
- Es muy expresivo: habla sin parar (o se enfurruña), coquetea a menudo sin pretenderlo y pasa a la acción de forma impulsiva.
- Se apoya con frecuencia en los demás para resolver los problemas y a veces descarga en ellos sus dificultades.

LAS ACTITUDES ADECUADAS

1. Reconstruir una imagen positiva de sí mismo
Uno no se gana el amor de los demás «chupándose» los trabajos molestos o lloriqueando.

Los príncipes sólo se muestran encantadores con las Cenicientas en los cuentos de hadas.

Tiene que aprender a hacer las cosas por sí mismo y no para complacer a los demás.

También debe ser más exigente y no pasar por alto palabras y comportamientos de la gente que supongan un desprecio para usted porque de esta manera se refuerza una imagen negativa.

2. Dejar de restarse valor
Al restarse valor, minusvalora también a los demás.

Transmite un mensaje negativo que consiste en decir: «Es usted una nulidad al escoger a una nulidad como yo».

De forma inconsciente, se da a entender que no gana cuando se le conoce, que los demás se equivocan al quererle o confiar en usted.

Y, de manera insidiosa, uno crea el vacío a su alrededor de esta forma.

3. Dejar de buscar la aprobación de los demás de modo sistemático
Ante una elección o la necesidad de tomar una decisión, deje de decirse: «Tengo que...» o «Debería...» y pase a preguntarse: «¿Tengo ganas de...?», «¿Qué es lo que de verdad me gusta...?».

4. Dominar las emociones
Las emociones, a menudo excesivas, le impiden tener una visión realista de las personas que le rodean o de algunos acontecimientos.

Algunos «trucos» para reducir la presión: libere el plexo solar y respire hondo, abra la boca para descomprimir y recuperar el equilibrio interno, cierre los ojos y evádase (de la situación y de usted mismo) varios segundos...

5. Actuar con más sobriedad
Reserve sus prendas más sexys para las circunstancias que sean más adecuadas. No se consigue precisamente el amor interpretando el papel de un seductor o de una mujer fácil.

Procure hablar menos con el cuerpo y más con las palabras.

Área inferior dominante

— Parte abdominal muy desarrollada;
— caja torácica ancha pero corta;
— hombros estrechos, algo caídos;
— rostro de forma más bien redonda.

Todos estos rasgos caracterizan al **tipo digestivo**.

Tipo digestivo como...

Drew Barrymore, Isabelle Adjani, Chiara Mastroianni, Liv Tyler, Kate Winslet, Gérard Depardieu, Jacques Weber...

FICHA DESCRIPTIVA

Morfotipo: dilatado. Físico longilíneo pero carnoso, tórax estrecho, miembros largos, osamenta fina, cabeza y rostro de forma alargada (ovalada), rasgos poco gruesos o muy redondos.

Órganos frágiles: pulmones e intestino grueso; problemas de piel (transpiración o deshidratación), de retención de agua.
Estación predilecta: otoño; reactividad a la sequedad y al frío.
Dominante afectiva: tristeza y melancolía; necesidad de calma, intimidad y seguridad (tanto material como moral).
Sentidos privilegiados: el olfato y el tacto; necesidad de vida interior (temperamento soñador, romántico, imaginativo...) y de autenticidad (de las cosas y las personas), pero también posee un gran sentido del fatalismo (pasotismo, inercia, conformismo) y falta de flexibilidad y de adaptación.
Planeta: Venus (afectividad, voluptuosidad, buena convivencia); tiene un acusado gusto por la comodidad, por la tranquilidad, por el trato social (moda, arte) y por el placer.
Tendencias psicopatológicas: adicciones (alcohol, drogas...), querencia por el masoquismo (sexual, moral), habituales obsesiones.

Las características fisiológicas

Necesidades fundamentales: calma y seguridad (afectiva, material). Demasiadas actividades físicas, estrés y preocupaciones; tiende a ganar demasiado peso, aunque también puede presentar problemas cutáneos, respiratorios (alergias), nerviosos (insomnio), óseos (desmineralización), reumatismos y trastornos psicológicos (ansiedad, depresión).
Hábitos adecuados: luchar contra la tendencia a la inercia.

Organícese de antemano programas cargados y rodéese de amigos muy activos. Intente evitar dormir demasiado, etc.

Fuércese a salir también (la falta de aire fresco y de luz tiene efectos deprimentes en el organismo, y cuanto menos se mueve uno más se apoltrona frente a la tele y menos ganas tiene de moverse).

Apueste por climas más vivos, fríos o secos (no caldee en exceso su casa como si fuese una planta de invernadero).

Las características psicológicas

• A menudo tiende a dejar para mañana lo que puede hacer hoy.

• Dramatiza las dificultades reales o imagina otras hipotéticas para no hacer nada.

• Se adapta muy bien a la soledad (indiferencia a la vida social).

• Con frecuencia hace las cosas arrastrando los pies (ausencia de puntualidad), y a veces hace lo contrario de lo que le piden; es bastante esclavo de sus costumbres.

• Suele ser más bien conciliador (con el fin de que le dejen en paz) y tolerante (frecuentemente por tender a la indiferencia).

• Es incapaz de esforzarse lo más mínimo (el éxito no le motiva en absoluto, ni tampoco el fracaso), de perseverar (abandona muy pronto si los primeros intentos no se ven coronados por el éxito y se cansa cuando logra su objetivo).

• Tiende a resignarse a situaciones o personas que no le benefician.

Las actitudes adecuadas

1. Pensar primero en la forma física
Cuando uno está pachucho y cansado, las ganas de hacer cosas y el rendimiento caen de forma automática. Se hacen menos cosas y peor; por la noche, uno se derrumba. Estar siempre «reventado» es un pretexto para no hacer nada, aunque también puede indicar una carencia: falta de hierro, de magnesio...

2. Adoptar una disciplina
Siga unos horarios (trabajo, comida, sueño...) regulares, levántese todas las mañanas a las siete (incluso en ausencia de obligaciones), dúchese y vístase antes de desayunar para no caer en la tentación de volver a meterse en la cama.

3. Organizarse de antemano
Llene los días de actividades (trabajo, compras, gestiones, citas, etc.). Prevea la víspera el programa del día o de la noche siguiente, y el martes, el del fin de semana. Comprométase de antemano para no caer en la tentación de apoltronarse frente a la tele y oblíguese a moverse.

4. Luchar contra la costumbre
Lleve a cabo una lista (lo más completa y exhaustiva posible) con todas sus costumbres (incluya tanto las «buenas» como las malas) y, cada día, modifique por lo menos una de ellas.

5. Rodearse de amigos muy dinámicos
Para aprovechar el efecto de arrastre, no se pase la vida «en coma» frente a la tele en pijama. Pero oblíguese

también (si quiere evitar la dependencia) a hacer cosas solo, empezando por lo fácil: una película, una obra de teatro, un restaurante...

Equilibrio de las tres áreas

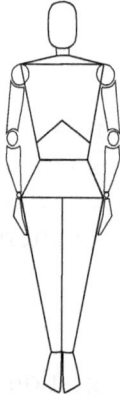

— Miembros y musculatura muy desarrollados;
— relieve del tórax bien marcado;
— tronco rectangular;
— rostro de forma más bien cuadrada (o rectangular).

Todos estos rasgos caracterizan al **tipo muscular**.

Tipo muscular como...

Cameron Diaz, Keira Knightley, Uma Thurman, Jennifer Garner, Kylie Minogue, Madonna, Demi Moore, Milla Jovovich, Mick Jagger, Antonio Banderas, Andy Garcia...

FICHA DESCRIPTIVA

Morfotipo: compacto. Equilibrio de formas entre la parte superior y la inferior. Tronco y rostro de formas regulares. Postura recta, estatura más bien alta, pero a veces también más achaparrada. Miembros largos y muy musculosos.

Órganos frágiles: hígado y vesícula biliar; fenómenos de autointoxicación con posibles consecuencias hepáticas y artríticas.

Estación predilecta: primavera; reactividad tanto al viento como a las corrientes de aire.

Dominante afectiva: cólera y agresividad; necesidad de hacer ejercicio físico (deporte, sexo), de superarse, de llamar la atención, de construir...

Sentido privilegiado: la vista; imaginación, lucidez, pero también necesidad de aparentar (vanidad, fanfarronería) y estrechez de miras (susceptibilidad, intolerancia).

Planeta: Marte (dinamismo, entusiasmo, acción); gran capacidad de atracción, de seducción, gusto por las emociones fuertes, por la vida social, por la convivencia.

Tendencias psicopatológicas: delirios y celos paranoicos, carácter asocial.

LAS CARACTERÍSTICAS FISIOLÓGICAS

Necesidad fundamental: una actividad física y sexual regular para frenar la secreción de insulina (que favorece el almacenamiento de las grasas) y estimular la creación de serotonina (calmante, euforizante).

Hábitos adecuados: huir de los ambientes confinados (contaminación, climatización...), los climas demasiado secos (con grandes cambios de temperatura), vivir al aire libre (salir a la hora de almorzar, marcharse con la mayor frecuencia posible al campo...) en climas templados (temperatura y humedad medias) y hacer deporte a menudo (tres veces por semana como mínimo): natación (30 minutos), remo (20 minutos), correr (4 km), bicicleta (40 minutos), tenis (30 minutos), saltar a la comba (20 minutos), musculación (de 12 a 20 minutos), sexo (20 minutos).

Las características psicológicas

• La atención excesiva dedicada a la reputación personal: necesita ser el más fuerte, inteligente, sexy y divertido de los que le rodean.

• La necesidad de destacar (como líder, modelo, rebelde...), de mandar: toma las decisiones y dirige las relaciones.

• Un nivel de exigencia muy elevado: tiende a ver las cosas a lo grande, a pedir mucho y a veces a creer que las cosas se le deben, pero no soporta ninguna crítica a sus acciones.

• El egocentrismo: intenta sin cesar resaltar sus cualidades, se rodea a menudo de personas a las que pueda dominar, a veces sólo presta atención a los demás cuando los necesita en el ámbito material, económico, sexual, etc.

• La seguridad: reina mucho en su entorno a través del físico (utiliza sus encantos, habla alto y se enfurece con facilidad).

• Cierto narcisismo: reclama una atención (y una admiración) constante, quiere ser el centro, saberlo todo, y a veces tiende a arrimar el ascua a su sardina.

LAS ACTITUDES ADECUADAS

1. Comprender que su actitud, pese a resultar a menudo un tanto agresiva, es ante todo un reflejo únicamente defensivo
En el fondo, tiene una personalidad frágil y vulnerable; la causa de su sensibilidad es que teme no estar a la altura, ser rechazado.

2. Aprender a eliminar cualquier tipo de agresividad en las relaciones
No trate de hacerse pasar por un delicado ángel (la imagen no es creíble).
  Es mejor que se tome todo el tiempo que haga falta para explicar su forma de funcionar, para dar a entender que sus «bombas H» no impiden los sentimientos, para así evitar cualquier clase de malentendido.

3. Adaptarse a las situaciones en lugar de obstinarse contra viento y marea
Dé un rodeo cuando se encuentre ante ciertos obstáculos, en vez de tomarlos de frente. Ello, a la larga, le evitará muchos problemas.

4. Prestar más atención a los demás
No debe sacrificarlo todo al rendimiento, al resultado, en detrimento de la comunicación y la buena y necesaria convivencia.

5. Ser menos susceptible
Deje de convertirlo todo (reflexiones, reproches, críticas...) en un problema personal y de montar en cólera enseguida.

El «quinto elemento»

Junto a estos cuatro grandes tipos, se halla a menudo un **tipo mixto** que combina ciertas características del tipo muscular y del tipo respiratorio.

FICHA DESCRIPTIVA

Morfotipo: mixto (musculoso y redondo). Parte abdominal y zona inferior de la cara dominantes. Parte inferior del rostro, del cuello y de las caderas a menudo gruesa. Formas más bien estrechas, más redondas por debajo de la cintura que por encima.
 Órganos frágiles: bazo y estómago; vitalidad en dientes de sierra, problemas de piel (granos, irritaciones...), desmineralización.
 Estación predilecta: final del verano; reactividad a la humedad.
 Dominante afectiva: compulsiones obsesivas; necesidad de soledad, de tranquilidad, de trabajo intelectual.
 Sentido privilegiado: el gusto; necesidad de armonía (en el ambiente, las relaciones con los demás), predisposiciones artísticas, combinadas también con accesos de duda (de uno mismo), de asco (hacia los demás, hacia la vida).
 Planeta: Saturno (rigor, integridad, perdurabilidad); grandes ambiciones, sentido de la responsabilidad, gusto por la soledad, la abstracción, el esfuerzo, la disciplina, los estudios.
 Tendencias psicopatológicas: bulimia, depresión, episodios esquizoides, alejamiento de la realidad, ideas delirantes, autismo...

Las características fisiológicas

Necesidad fundamental: asimilar. Demasiado estrés, insuficiente descanso (sueño, distracciones), excesiva ansiedad (es un «inseguro» crónico), vida sedentaria (rutina, falta de ejercicio), tiende a perder su vitalidad (y a sufrir bulimia). De ahí: tendencia a dejarlo todo para mañana, accesos de duda, de pesimismo, fallos de la voluntad.

Hábitos adecuados: aprender a administrar el tiempo (resérvese un poco ya que necesita soledad para recuperarse bien), tener una mejor higiene de vida (comidas y sueño más regulares), beber mucha agua entre comidas (como los camellos, no se acuerda de hacerlo) y luchar contra el estrés (curas regulares de magnesio para regular la ansiedad y el apetito).

Las características psicológicas

Quiere hacer las cosas demasiado bien (perfeccionismo, necesidad de hacerle favores a todo el mundo, de evitar la melancolía), por lo que tiende a acumular quehaceres y obligaciones. De ahí mucha energía gastada por deber, culpabilidad o por los demás en detrimento de sus propios intereses (mientras tanto, no resuelve sus verdaderos problemas).

Las actitudes adecuadas

1. No sobrecargar las jornadas
Reserve tiempo para los imprevistos, agradables o desagradables.

2. Aceptarse como uno es
Confórmese con hacer las cosas bien —ya es mucho—, fijándose objetivos ambiciosos pero realistas.

3. Aprender a desconectar
No diga que sí a todo, muéstrese más egoísta, etcétera.

El grupo sanguíneo

Numerosos estudios efectuados con los grupos sanguíneos en todo el mundo muestran que existe cierta relación entre nuestro grupo sanguíneo y nuestra sensibilidad o nuestras aptitudes.

Parece ser incluso que esta relación es universal: por ejemplo, un francés y un chino del mismo grupo tendrían más puntos en común que dos españoles o dos chinos pertenecientes a grupos diferentes.

Grupo A («armónico»)

(El 34 % de la población mundial pertenece al grupo A, donominado «armónico»).
El más sensible a las variaciones del medio externo (condiciones laborales y ambiente). Necesidad de estar de acuerdo desde el punto de vista afectivo con el entorno inmediato (para evitar la tristeza), de preservar la intimidad, aunque la persona sea más bien extrovertida.
Un poco irregular en sus actividades, no le gustan las tareas rutinarias y sólo «obedece» a sus superiores si siente aprecio por ellos. Se siente bastante atraído por las actividades creativas, las artes y la literatura.

Rh positivo: fases de optimismo y entusiasmo que predominan sobre los momentos de tristeza.

Rh negativo: periodos de duda y pesimismo que predominan sobre las fases de exaltación.

Grupo B («rítmico»)

(El 17 % de la población mundial pertenece al grupo B, denominado «rítmico»).
El menos sensible a las variaciones del mundo externo. Sigue su propio ritmo y tiende a imponerlo a los demás. Dotado para la acción, pero bastante monomaniático en sus actividades. Introvertido (para protegerse), de ahí una necesidad de estabilidad, de continuidad, la perseverancia (lenta) en la acción. Organizado, perfeccionista y responsable, sería un buen gerente. Predispondría al escalafón técnico y a la función pública.

Rh positivo: reacciones racionales, moderadas (constancia en sentimientos y opiniones).

Rh negativo: un poco rígido desde el punto de vista mental (tendría dificultades para adaptarse a las personas, a las ideas, a las situaciones nuevas).

Grupo 0 («melódico»)

(El 43,5 % de la población mundial pertenece al grupo 0, denominado «melódico»).
Concilia los temperamentos «armónico» y «rítmico», y necesita contactos permanentes con el mundo externo;

está hecho para actividades variadas (le perjudica la rutina). Vive en el presente; está muy bien adaptado a la vida urbana, moderna (pragmático, móvil). Abierto, comprensivo y tolerante, necesita trabajar en equipo y se adapta muy deprisa. Está predispuesto a las profesiones comerciales y médicas, así como a la enseñanza.

Rh positivo: más emprendedor que sencillamente reactivo. Necesita moverse, hacer vida al aire libre (más conforme a su naturaleza profunda).

Rh negativo: más reactivo (a las personas, a los acontecimientos) que realmente activo.

Grupo AB

(El 5,5 % de la población mundial pertenece al grupo AB, que es el que analizaremos a continuación).
Contradictorio (entre «armónico» y «rítmico»): necesidad de estabilidad (afectiva, material) y cambio (aunque está mejor cuando hay movimiento). Inestable: a la vez abierto al mundo exterior y sujeto a bruscas crisis de soledad. Necesita «presionarse» (se deprime cuando no hay acción). Tiene más éxito en las profesiones de la comunicación, artísticas o al aire libre.

Rh positivo: adaptación más fácil al mundo exterior (menos insatisfacciones profundas y melancolía).

Rh negativo: muchas contradicciones (servicial o individualista en exceso) e incoherencias (unas veces autoritario y otras permisivo).

Las manos

Las manos hablan, pero también los dedos, las uñas y las huellas digitales. Revelan muchas cosas sobre uno mismo y la personalidad profunda, aunque también traicionan, a su pesar, a sus interlocutores.

Los contornos

CONTORNOS MÁS BIEN REDONDEADOS

▪ *Mano en forma de pera, un poco blanda, con los dedos torneados y la palma más prominente por el lado del meñique*
Su tipo: receptivo.

Tiene propensión al sueño, a la pasividad, a la contemplación y una sensibilidad a menudo excesiva. Ultrarreactivo a los acontecimientos externos, enseguida se ve afectado en sus humores, invadido por la emoción. A veces muestra mucha seguridad o cierta indiferencia, pero, en el fondo, con frecuencia le falta confianza en sí mismo. Tiene un aspecto un poco solitario (del tipo «No necesito a nadie»), muy selectivo e incluso un poco esnob.

▪ *Mano más bien pequeña, de forma ovalada, con los dedos regordetes y la palma más prominente por el lado del pulgar*
Su tipo: sensorial.

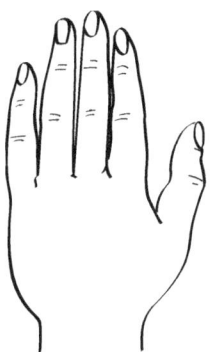

En usted son las hormonas las que hablan en primer lugar, los sentidos los que mandan. Atento a todo lo que exalta su sensualidad, a menudo no ve más allá de su placer. «Me apetece» es su frase favorita. Le cuesta soportar las frustraciones (detesta tener que esperar, que le digan «no») y necesita sensaciones fuertes (se cansa pronto en cuanto las cosas se vuelven rutinarias).

- *Mano bastante grande, de forma ovalada, con los dedos torneados y la palma estrecha*
Su tipo: expansivo.

Guiado por aspiraciones y certezas profundas, tiende a funcionar por impulsos (de confianza), por credulidad (en el fondo, es de bastante buena pasta). Muestra una gran entereza en sus actos y sentimientos (cree en la franqueza, en la lealtad), tiene mucha soltura natural y se impone con facilidad. Pero a veces es bastante torpe en sus relaciones (demasiado directo, «metomentodo»).

- *Mano de forma rectangular, de consistencia firme, con los dedos regulares y la palma ancha*
Su tipo: sociable.

Su plenitud pasa por una realización social y familiar (tiene fuertes sentimientos de pertenencia).

Dentro de los grupos tiende a imponerse de forma natural, a querer dirigirlo y organizarlo todo.

Suelen ser personas muy sensibles a la consideración ajena (necesita la aprobación), así como bastante conformistas (respeto por los valores tradicionales).

Zurdos: ¡dos veces más torpes!

Por tendencia natural, el ser humano siempre ha sido diestro.

Nuestros lejanos antepasados (hace 50 millones de años), similares a los lemúridos actuales, vivían colgados de su árbol por la mano derecha.

Cuando bajaron al suelo (hace 35 millones de años), continuaron sirviéndose de la mano derecha para controlar las cosas.

Desde entonces nada ha cambiado: el Homo sapiens sapiens *es diestro en nueve de cada diez casos (con diferencias importantes según las profesiones escogidas: un 15 % de zurdos entre los músicos y un 13 % entre los arquitectos, pero sólo un 4 % de los científicos).*

En un diestro, tanto los controles de la percepción como la ejecución se encuentran separados en el cerebro.

No sucede así, en cambio, en un zurdo. En consecuencia, los zurdos son más torpes.

CONTORNOS MÁS BIEN ANGULOSOS

- *Mano en forma de rombo, delgada y flexible, con los dedos más bien oblicuos*
Su tipo: adaptado.

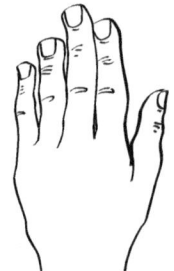

Tiene bastante poca constancia en sus afectos, ideas y proyectos. Mucha vivacidad física («culo de mal asiento»), curiosidad intelectual (se interesa por todo), cambia con facilidad de opinión, de intención o de dirección. Su fuerza reside en su habilidad (manual e intelectual), que le permite adaptarse y alcanzar el éxito en los ámbitos más diversos.

- *Mano de forma rectangular, larga, seca, con los dedos nudosos*
Su tipo: concentrado.

En usted, la sensualidad y lo afectivo ocupan un lugar bastante secundario. Muy interiorizado (a menudo tiene un gusto muy marcado por la soledad, el estudio y la reflexión), es bastante egocéntrico (poca empatía, poca psicología en sus relaciones con los demás, e incluso cierta desconfianza).

Se siente más a gusto en todo lo que es concepción y análisis (mucha seriedad) que en la realización (a veces le falta sentido práctico).

▪ *Mano de forma cuadrada, rechoncha, con los dedos cortos y fuertes*
Su tipo: estable.

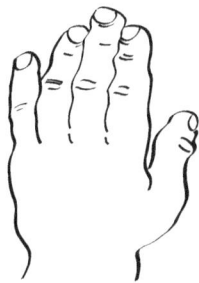

En usted, no hay nada (o poco) que sea frívolo, caprichoso o poco realista.

Es una persona sólida, estable, constante. Su temperamento es vigoroso, muy resistente, todoterreno (nada le asusta) y ante todo pragmático: primero se asegura y después decide. Apegado a los valores tangibles y seguros (trabajo, familia), necesita regularidad (pequeños hábitos, métodos comprobados, actividades rutinarias…).

• *Mano de forma rectangular, corta, carnosa, con los dedos regulares*
Su tipo: combativo.

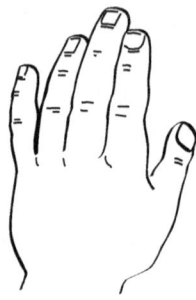

Atracciones violentas, entusiasmos repentinos; es alguien muy impulsivo y voluntarioso. Tiene un temperamento brusco, colérico, sin muchos matices (encara los problemas de frente), pero sabe plantar cara a los acontecimientos (funciona a pleno rendimiento en las situaciones de crisis). La rutina le aburre enseguida; necesita pasiones y estímulos fuertes.

Las proporciones

• *Área superior (dedos) dominante*
Predominio de lo mental, de la reflexión sobre la acción, de la razón sobre los sentimientos y el instinto. Mente analítica (contornos angulosos), gusto por las abstracciones y los sistemas, pero racionalización excesiva. O flexibilidad mental (contornos redondeados), gusto por las ideas y las imágenes (capacidad artística), pero falta de sentido práctico, de constancia.

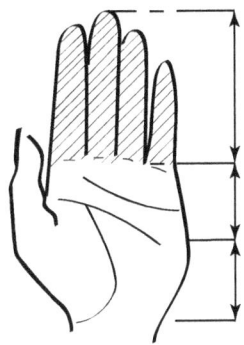

- *Área mediana (palma) dominante*
En usted, es lo afectivo lo que manda. Necesita intercambios sentimentales (para evitar la tristeza, la melancolía), impulsos (aunque también se cansa pronto) y buenas relaciones (muchos amigos, conocidos). Búsqueda de aprobación: quiere gustar (contornos angulosos) o complacer (contornos redondeados).

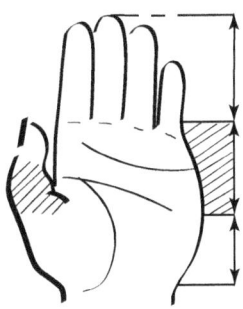

- *Área inferior (nivel del pulgar) dominante*
Predominio del instinto. Sus impulsos (sexo, comida...) son fuertes, poco contenidos (frecuentes excesos). Necesita satisfacciones materiales, físicas. Su sensualidad es activa, en busca permanente de placeres (contornos angulosos) o más receptiva (contornos redondeados).

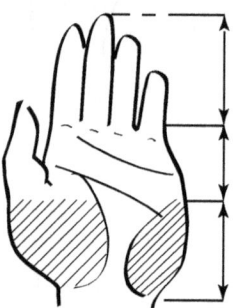

- *Equilibrio de las tres áreas*
Es señal de una buena integración de lo mental, lo afectivo y lo instintivo. Tiene un carácter tranquilo, sosegado y atento, y a la vez un enfoque creativo y metódico, una regularidad en el rendimiento. También es indicio de preocupaciones de ética (contornos angulosos) o de estética (contornos redondeados).

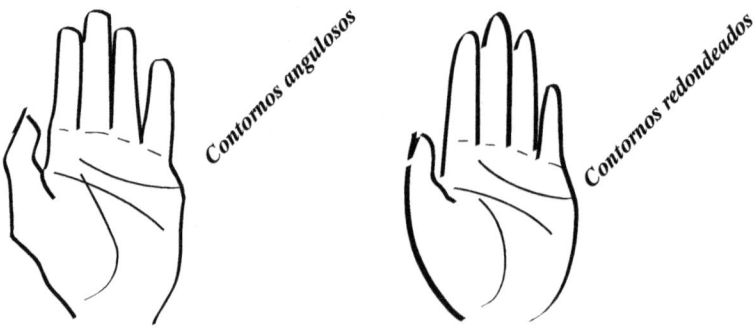

Las líneas de la mano

En nuestras manos hay dos clases de grandes líneas: unas líneas fundamentales (vida, cabeza, corazón), las que tiene todo el mundo, y unas vías secundarias (estabilidad, intuición, destino). Cuanto más largas, marcadas, limpias y sin interrupción son estas líneas, mejor.

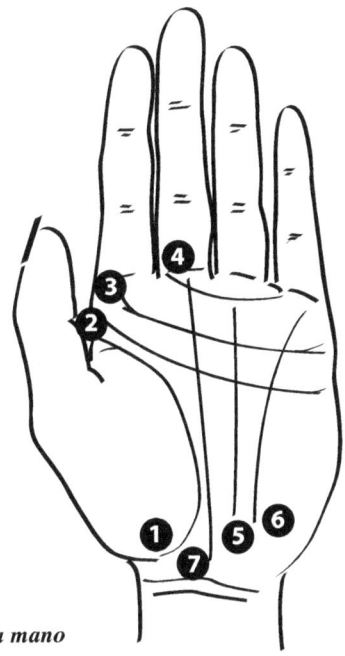

Las principales líneas de la mano
  1: línea de la vida
  2: línea de la cabeza
  3: línea del corazón
  4: anillo de Venus
  5: línea de la vitalidad
  6: línea de la intuición
  7: línea del destino

La línea del corazón

- *Regular y terminada en bifurcación o en ramificación*
Fuertes necesidades sensuales, hambriento de amor (se enamora sin cesar), muy expresivo (y posesivo).

- *Irregular (agujeros, rebabas, dientes de sierra, etc.) o en forma de «cadena»*
Inestabilidad afectiva y emocional, múltiples parejas (de forma simultánea o en rápida sucesión).

- *Con anillo (doble o triple) de Venus*
Hipersensibilidad, curiosidad intelectual, capacidad creativa.

- *Unida o confundida con la línea de la cabeza*
Hipersensibilidad (personalidad neurótica), conflictos permanentes entre razón y sentimientos.

LA LÍNEA DE LA CABEZA

- *Diferenciada de la línea de la vida*
Extroversión, facilidad para expresarse y comunicarse.

- *Confundida (al menos a lo largo de 3 cm) con la línea de la vida*
Introversión, facilidad para la reflexión, poca espontaneidad para expresarse o comunicarse.

- *Corta*

Vivacidad mental y facultades de síntesis (va a lo esencial), pero también superficialidad (visión simplista de las cosas).

- *Larga y rectilínea*

Profundidad de pensamiento y facultades de análisis, aunque a menudo se pierde en los detalles (perfeccionista).

- *Larga y curvada*

Fuerte imaginación y capacidad creativa, pero también a menudo falta de sentido práctico (defecto de realización).

- *Bífida (terminada en bifurcación)*
Sentido de la dialéctica, espíritu de contradicción y gusto por las discusiones, pero fuertes capacidades de asimilación y adaptación.

LA LÍNEA DE LA VIDA

- *Limpia, continua*
Permanencia de los datos materiales (medio, ambiente de vida, de trabajo) o facilidades de adaptación a las situaciones nuevas.

- *Irregular (alteraciones, rupturas) o ausente*
Existencia agitada, numerosos cambios materiales o dificultades de adaptación.

La línea de la intuición

▪ *Bien marcada, larga*
Facultades para sentir o adivinar las cosas y las intenciones de las personas, buen juicio y discernimiento, eventual don artístico.

▪ *Fragmentada o ausente*
Poca sensibilidad espontánea o poca psicología inmediata (obligado a reflexionar para comprender), falta de discernimiento (le engañan).

La línea del destino

▪ *Larga, bien trazada*
Realización del yo, logros satisfactorios o vida como un largo río tranquilo.

▪ *Corta, rota o casi inexistente*
Aspiraciones contrariadas, puestas en tela de juicio (fracasos) o realizadas de forma tardía.

- *Líneas cruzadas (triángulo grande, triángulo pequeño)*
Equilibrio cuerpo-mente, corazón-racionalidad, muy buena señal para el desarrollo y el éxito personales.

Los dedos

La longitud

- *Largos (dedo corazón mayor que 8/10 de la palma)*
Reacciones lentas (es reflexivo, paciente), pero profundas (se muestra atento a los detalles) y duraderas (da la preferencia a las soluciones a largo plazo).

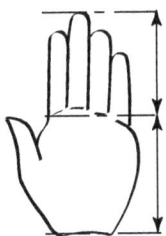

- *Cortos (dedo corazón menor que 8/10 de la palma)*
Reacciones rápidas (es una persona espontánea e impulsiva), pero superficiales (tiene una visión global de las cosas) y poco duraderas (acostumbra a preferir las soluciones a corto plazo).

- *Índice mayor que el anular*
Autoafirmación y autoridad, pero miedo a no estar a la altura.

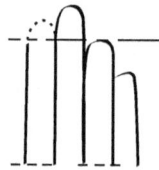

- *Anular mayor que el índice*
Afirmación del otro (idealismo) y receptividad, pero miedo a equivocarse.

- *Meñique largo*
Sensibilidad a las apariencias y curiosidad, pero credulidad.

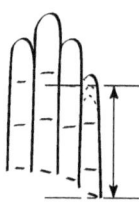

- *Meñique corto*
Sensibilidad al ambiente e ingenio; escepticismo.

La forma

- *Fuertes, gruesos*
Fuerza (aptitudes físicas), gran capacidad sensorial y buen sentido común, pero mala resistencia al estrés.

- *Finos, delgados*
Delicadeza (más recursos nerviosos y mentales que físicos), sentimentalismo y subjetividad, pero excelente resistencia al estrés.

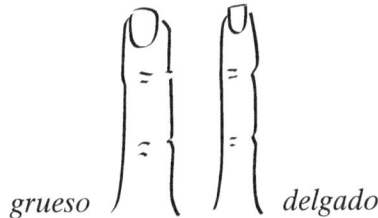

grueso — delgado

- *Lisos*
Reactividad inmediata (reflejos, réplica viva) y afectividad extrovertida (efusiones); inestabilidad emocional.

- *Nudosos*
Reacciones lentas (torpezas, meteduras de pata) y afectividad interiorizada (contención), pero buena estabilidad emocional.

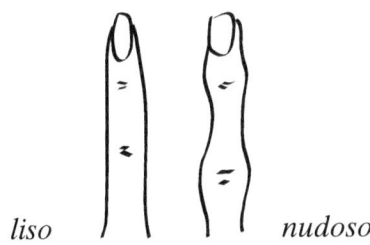

liso — nudoso

- *Flexibles (reversibles)*
Fuerte capacidad de adaptación y de aptitudes para el cambio, pero temor al presente.

- *Rígidos*
Apego a las costumbres y los principios (rigidez mental), pero temor al futuro.

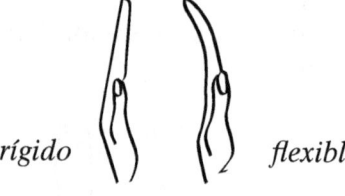

rígido   *flexible*

- *Dedo corazón y anular unidos*
Inteligencia emocional, búsqueda de la armonía, sentido de la belleza.

LAS PUNTAS

- *Cuadradas*
Espíritu de adaptación (hormiga), orden, cálculo, método, objetividad, previsión.

- *Puntiagudas*
Agudeza, sutileza, malicia, humor, inconsecuencia...

- *Redondeadas*
Buen equilibrio del fondo y la forma, de la reflexión y la comunicación.

- *En forma de espátula*
Mente práctica, habilidad natural, impulsos creativos.

- *Bulbosas*
Capacidad de observación (predominio de las percepciones, las sensaciones y los estados de ánimo).

- *Aplanadas*
Espíritu crítico (predominio de las representaciones, la información y los conceptos).

Las falanges

- *Falange de la uña más grande*
Dominante racional (búsqueda de la verdad, la eficacia y el rendimiento).

- *Segunda falange más grande*
Afectividad dominante afectiva (búsqueda de la justicia, la armonía y el consenso).

- *Segunda falange abombada*
Dominio del materialismo (búsqueda del bienestar, de placeres).

- *Segunda falange estrechada*
Dominio del idealismo (búsqueda de la felicidad).

El pulgar

- *Largo*
Carácter enérgico y fuerte personalidad (autónoma, afirmada), pero autoritarismo.

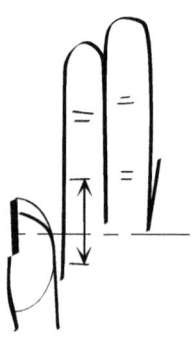

- *Corto*
Carácter indolente y personalidad consensual (tolerante, conciliadora), pero permisividad.

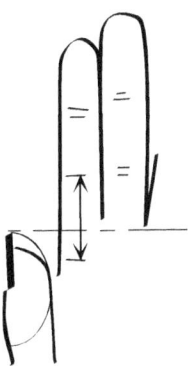

- *Flexible (reversible)*
Flexibilidad de ideas y facilidad para la adaptación (a las personas y a las cosas), pero oportunismo.

- *Rígido*

Rigidez mental (pensamiento único, ideas firmes, intransigencia…), pero fuerte determinación.

¿Es usted CE o CI?

¿Cociente emocional o intelectual? Cruce las manos y observe cómo se superponen sus pulgares:

Continúa

Continuación

- *Derecho sobre izquierdo*
Su inteligencia y sensibilidad es del tipo CI. Le gustan las abstracciones e ideas, las teorías, la lógica (lo que debería funcionar) y lo racional. Más atento al fondo que a la forma, se preocupa menos por gustar que por ser comprendido. Es poco sensible al qué dirán y juzga (cualidades/defectos, éxitos/fracasos…) primero en función de sus propios criterios (se muestra muy crítico hacia sí mismo).

- *Izquierdo sobre derecho*
Su inteligencia es del tipo CE. Prefiere lo concreto (las cosas), lo práctico, lo empírico (lo que funciona) y lo sensible. Más atento a la forma que al fondo, trata más de gustar (imagen y actitudes estudiadas, necesidad de aprobación y parabienes) que de ser comprendido, y a menudo juzga a los demás (se muestra muy crítico) sólo por su apariencia.

Las uñas

La forma

- *Cortas y cuadradas*

Bruscas perturbaciones del humor, ansiedad, descontento, debilidad cardiovascular.

- *Cortas y anchas*

Temperamento ciclotímico (altibajos, alternancia de hiperactividad y desgana).

- *Largas y rectangulares*

Temperamento asténico (buena pasta pero perezoso), carácter ansioso y tendencia a deprimirse.

- *Largas y estrechas*

Constitución frágil, recursos más nerviosos que físicos, mala resistencia al estrés (trastornos del sueño o problemas de piel).

- *Triangulares*

Hiperestesia (sensibilidad exagerada), fobias, alergias, sentido crítico muy desarrollado.

- *En forma de hueso de oliva*

Inestabilidad mental y nerviosa, trastornos venosos o espasmofilia.

El perfil

- *Convexo*

Fragilidad de las vías respiratorias, trastornos bronquiales, alérgicos, asma, laringitis...

- *Cóncavo*

Fragilidad del sistema nervioso, trastornos neurológicos, migrañas, tetanias, calambres, insomnio, problemas de piel...

- *Plano*

Fragilidad de las glándulas (hipófisis, tiroides...), trastornos endocrinos, hipotensión, pusilanimidad, hipoglucemia, estreñimiento crónico, diabetes, obesidad...

- *En forma de arco*
Fragilidad renal, trastornos urinarios, cálculos, cólicos nefríticos, cistitis, incontinencia...

- *Poligonal*
Fragilidad del sistema cardiaco, trastornos vasculares, colesterol, arteriosclerosis...

Las marcas

- *Las estrías*
Es un signo de mala alimentación, de afecciones crónicas (trastornos urinarios, colitis) o de reumatismos agudos (en principio después de la menopausia).

- *Las manchas blancas*

Indican una desmineralización (carencia de calcio casi siempre) o una gran fatiga. Por lo general son pasajeras.

- *Los bultos*

Es señal (también pasajera) de un problema momentáneo (gripe, enfermedad infecciosa, operación, traumatismo, etc.), aunque a menudo acompañan también a un eccema.

Las huellas digitales

- *En arcos concéntricos*
Su tipo: contemplativo.

Regreso a lo natural, huida de lo sofisticado. Es usted una persona que se posiciona contra las farsas, individuales o sociales. Detesta la seducción generalizada, el éxito a ultranza, el hábito de aparentar. En general tiene poca ambición personal (salvo que su trabajo sea una pasión) y poca agresividad, salvo cuando se trata de defender derechos (los humanos) o de luchar por una causa (la de las mujeres). No está dispuesto a sacrificar su libertad o su independencia por tonterías. Necesita cosas verdaderas, auténticas y profundas. Incluso en materia de moda o consumo, sus gustos se orientan hacia lo básico.

- *En curvas hacia la derecha o la izquierda*
Su tipo: nómada.

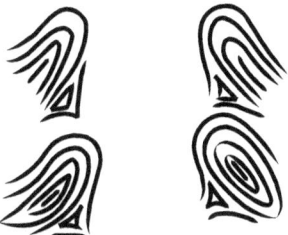

Le encantan los cambios y las nuevas tecnologías, se preocupa poco por los valores morales; está ávido de sensaciones, experiencias y éxitos. Para usted, la vida es la selva del «cada cual a lo suyo», de vivir al día. Sus prioridades: arreglárselas desde el punto de vista económico (aprovechando las oportunidades) sin implicarse demasiado en su trabajo y, sobre todo, alcanzar el éxito en su vida sentimental. A sus ojos, casi nada es duradero, y no tiene ganas de embotarse, ni tampoco de dormirse en los laureles. Cree en la movilidad, el descubrimiento y el progreso como las virtudes esenciales. Es hedonista y trata, ante todo, de aprovechar la vida (a través de las aficiones, los amigos y el sexo).

- *En dobles volutas*
Su tipo: realista.

Muy apegado a sus raíces y a los grandes principios morales, encuentra su felicidad en los valores seguros: humanismo (tiene fe en el ser humano), deber moral (ante todo hacia la familia), fidelidad a los principios y a las convicciones. Su existencia se divide a menudo entre una vida familiar (muy concentrada, de hábitos un tanto rígidos, en busca de la comodidad material e intelectual) y unas ambiciones profesionales más o menos apasionadas (cree en la felicidad a través del progreso económico, los negocios). En la vida privada o en la vida social, es ante todo una persona discreta. Sus actitudes y gustos no suelen ser provocadores. Es bastante conformista (a veces un poco represor desde el punto de vista moral) y consume lo clásico, la calidad y las grandes marcas.

- *En volutas simples*
Su tipo: sedentario.

Más bien hostil a los cambios, tiene una forma de pensar y un modo de vida «replegados». Recogida en la vida privada (por temor al mundo exterior o pesimismo sobre el futuro) y concentrada en la familia tradicional, es una persona de corazón hogareño. Prioridad a la burbuja familiar (contra el trabajo), a la sobreprotección tranquila (contra la competición), le va más volver a comer todos los días a casa que deslomarse después de las seis de la tarde o el fin de semana. Necesita ante todo una vida equilibrada y tranquila, a ser posible bien ordenada (detesta que perturben sus hábitos y su programa).

Cuando las manos nos traicionan

Las manos hablan. Nos revelan cosas sobre nosotros mismos y delatan a menudo a su pesar a nuestros interlocutores. A continuación un pequeño código.

Los anillos

No resulta indiferente ponerse uno o varios anillos en un dedo o en otro. Desde siempre, la colocación de un anillo posee un valor simbólico:
• Meñique derecho: signo de voluntad, de determinación, de proyección hacia el futuro.
• Meñique izquierdo: apego al pasado, a la infancia y a los recuerdos.
• Anular derecho: predominio de la reflexión sobre la intuición.

- Anular izquierdo: necesidad de entregarse a fondo por amor o por un ideal.
- Corazón derecho: escepticismo, necesita que le dejen en paz.
- Corazón izquierdo: entusiasmo, necesita hacer nuevos amigos.
- Índice derecho: egocentrismo, trata de dominar.
- Índice izquierdo: oportunismo, trata de explotar a los demás.
- Pulgar derecho: infantilismo, quiere «pasárselo muy bien» (en el aspecto sexual).
- Pulgar izquierdo: infantilismo, quiere tener éxito.
- En todos los dedos salvo el pulgar: amante en serie (se enamora sin cesar, se apega demasiado deprisa, teme ser rechazado…).

El apretón de manos

El primer apretón de manos dice muchas cosas. Pero ¡prudencia!, a veces las apariencias engañan:
- ¿Su interlocutor le tiende la mano con el brazo estirado hacia abajo y la palma vuelta hacia el suelo? No hay duda, se encuentra ante una persona dominante o, en cualquier caso, ante alguien que trata de tomar el poder sobre usted desde el primer momento.
- Apretón de manos blandengue (presión muy débil): ¡desconfianza! Tal vez sea un tímido, alguien que carece de seguridad en sí mismo, pero también puede ser alguien intratable para quien usted no existe (usted no le sirve para nada).
- Apretón de manos doloroso (le machaca las falanges): es más una señal de agresividad que de seguridad o de confianza en sí mismo; en cualquier caso, se trata

de alguien que no imagina la comunicación sin confrontación.

• Apretón de manos huidizo (los dedos de usted se cierran sobre el vacío): denota cierta hipocresía; es el apretón de manos «culpable» por excelencia, a menudo de alguien que ya alberga malas intenciones hacia usted.

• Apretón de manos con la punta de los dedos: es alguien que rehúye el contacto, que trata de abreviarlo, un tímido o alguien que no le aprecia.

• Apretón de manos sólo del índice: su interlocutor está acomplejado con respecto a usted o tiene un sentimiento de inferioridad en general.

• Presión de las dos manos o agarrándole también el antebrazo o el hombro: ¡huya! Es un truco propio de una persona capaz de hacerle una jugarreta (vendedor de seguros, político…).

Los gestos

Posturas, ademanes… Todos los estudios efectuados por los psicosociólogos del lenguaje muestran que del 60 al 70 % de la comunicación es no verbal. Hablamos con las palabras, pero mucho más con el cuerpo y las manos.

▪ *Manos apretadas*
¿Su interlocutor aprieta las manos? Mala señal; significa que está contrariado por lo que usted le ha dicho o que rechaza la propuesta que acaba de hacerle.

▪ *Mano rascando la nuca*
¡Atención, peligro! Es casi siempre señal de una reacción muy negativa a su oferta o a su punto de vista.

- *Manos unidas ante sí (en oración)*
Sintomático del sabelotodo. Este gesto se observa a menudo en los asesores, los contables y los abogados.

- *Índice apoyado en la mejilla*
Es señal de que su interlocutor no se interesa ni lo más mínimo por lo que usted le cuenta, o bien, si acaba de hacerle una propuesta, de que no la encuentra satisfactoria.

- *Sentado, manos apoyadas en las ingles*
Es la actitud típica del rechazo del diálogo. De forma inconsciente, su interlocutor le indica que sus puntos de vista son irreconciliables.

- *Sentado o de pie, mano izquierda agarrando el antebrazo derecho*
En el transcurso de la conversación, ¿su interlocutor se agarra el antebrazo derecho con la mano izquierda? Es señal de que se siente en posición de inferioridad, de que confiesa su fracaso o su incompetencia.

- *Mano cubriendo la boca, codo apoyado*
Una mano que esconde la boca entre el pulgar y el índice es casi siempre un signo de gran desconfianza. Su interlocutor no le cree sincero del todo o no le toma en serio.

- *Sentado, piernas separadas, manos apoyadas en los muslos*
En el fondo es una actitud de falsa sumisión. Su interlocutor le dirá que sí aunque no esté de acuerdo o no pueda, pero no puede contar con él; le dejará tirado.

- *Sentado, codo apoyado, índice derecho cubriendo los labios, pulgar retirado bajo la barbilla*
Es una señal excelente. Muestra que su interlocutor le escucha con atención y que considera sus argumentos o su propuesta con mucho interés.

- *Codo apoyado, mejilla apoyada en la mano*
Otra señal excelente. Sus argumentos convencen, sus propuestas interesan. Su interlocutor manifiesta así que necesita saber más para tomar una decisión en su favor.

- *Brazos cruzados*
Es la típica actitud defensiva, la señal de que su interlocutor está cerrado por completo a sus argumentos o propuestas. Se debe a que no confía en usted, o a que es reacio a todo lo que pueda trastornar sus hábitos.

La caligrafía

El 93 % de las grandes empresas, así como de las agencias suelen recurrir de forma sistemática a un análisis grafológico cuando pretenden llevar a cabo una contratación.

La caligrafía es un aspecto muy revelador acerca de nuestra personalidad.

¿Qué puede llegar a enseñarle la escritura sobre el carácter o el comportamiento tanto de usted como de los demás?

Es habitual que los grafólogos tengan en cuenta toda una serie de variados criterios a la hora de analizar una caligrafía:

— la dirección de la letra (inclinación de los caracteres, dirección de las líneas);
— los espacios entre caracteres;
— la forma de la letra;
— la continuidad de la grafía;
— la rapidez del trazo;
— la presión de la pluma;
— la dimensión de las letras (tamaño y altura);
— la disposición del texto;
— la firma.

La dirección de la letra

LA INCLINACIÓN DE LOS CARACTERES

Permitiría medir su sociabilidad.

Inclinación	Carácter inducido	
Vertical (90°)	Autonomía, independencia e incluso individualismo, egocentrismo	
A la derecha	Sociabilidad, entusiasmo, carácter positivo (va hacia delante)	
A la izquierda	Emotividad (falta de confianza en sí mismo), dificultades de adaptación social, a veces agresividad e incluso falta de honradez	

La dirección de las líneas

Indica el tipo de humor.

Líneas	Carácter inducido	
Horizontales	Estabilidad emocional	
Ascendentes	Optimismo, entusiasmo, ardor	
Descendentes	Pesimismo, indiferencia, frialdad	
Sinuosas	Voluntad débil, influenciable, falta de consistencia	

Líneas	Carácter inducido	
Cóncavas	Tendencias depresivas	
Convexas	Tendencias maniáticas	

Los espacios entre caracteres

Que las letras estén más o menos apretadas revela la orientación general de la personalidad.

Escritura	Carácter inducido	
Apretada	Introversión (reserva, objetividad, inhibiciones…)	
Muy amplia	Extroversión (espontaneidad, subjetividad, impulsividad…)	

La forma de la letra

Resulta significativa en lo que respecta a la capacidad intelectual.

Tipo de escritura	*Carácter inducido*	
De colegial	Falta de personalidad y de originalidad, excesiva sumisión a los códigos establecidos	
Redondeada (las barras de la *t*, la *l*, etc., en forma de curvas)	Flexibilidad, amabilidad, indolencia, hipocresía si hay inclinación a la izquierda	
Angulosa (curvas trazadas como rectas)	Rigor, perseverancia, intransigencia, susceptibilidad, enorme dureza hacia los demás si hay inclinación a la izquierda	

Tipo de escritura	Carácter inducido	
En guirnalda (las *m* y las *n* trazadas como *u*)	Amplitud de miras, confianza, benevolencia	
Ajustada (bucles cerrados o abiertos a la izquierda)	Mentalidad cerrada (disimulo), desconfianza	
Adornada (mayúsculas exageradas, florituras, círculos sobre las *i*)	Narcisismo, vanidad, infantilismo	
Estilizada (numerosos trazos no formados)	Carácter cerebral, mente sintética e incluso inteligencia superior	
Ilegible	Mente confusa (si hay letras embrolladas), arribismo (si son informes)	

La continuidad de la grafía

Resulta reveladora (en función de la frecuencia con la que se levanta la pluma de la hoja) de la forma de inteligencia.

Tipo de grafía	Carácter inducido	
Ligada (más de cuatro letras)	Inteligencia racional, mente lógica, facultades analíticas	
Agrupada (letras unidas por parejas o por tríos dentro de una palabra, cada grupo separado de los demás)	Inteligencia racional e intuitiva, sentido crítico, facultades de síntesis	
Yuxtapuesta (caracteres de una palabra separados entre sí)	Inteligencia intuitiva, dificultades de abstracción, falta de juicio	

La rapidez del trazo

Permite medir la dinámica general (para saber si es más o menos lenta).

Trazo	Apariencia	Carácter inducido	
Lento (menos de 100 letras/min, regular, puntos y acentos bien colocados o sin fluidez, tembloroso)	Armoniosa	Ponderación	
	Desorganizada	Pesadez	
Sosegado (de 100 a 160 letras/min, letras bien formadas, sin retrocesos)	Trazo firme	Reflexión, seriedad	
	Trazo flojo	Pasividad, rutina	

Trazo	Apariencia	Carácter inducido	
Rápido (de 160 a 200 letras/min, letras «dilatadas», puntos y acentos deformados, desfasados hacia la derecha)	Trazo regular	Vivacidad, eficacia, adaptación, riesgo de superficialidad	
	Trazo irregular	Inestabilidad, impulsividad	
Precipitado (más de 200 letras/min, escritura muy estilizada)	Trazo regular	Irreflexión	
	Trazo duro	Emotividad, estrés	

La presión

Más o menos ligera o firme, resulta reveladora de la vitalidad (potencial físico, salud) y de la voluntad.

Trazo	*Carácter inducido*	
Ligero pero firme	Bajo potencial físico pero voluntad fuerte (ganas de superarse)	
Ligero y flojo	Capacidades física y psíquica menores	
Ancho y firme	Fuerte potencial físico y voluntad poderosa	
Ancho pero flojo	Capacidades vivas pero falta de voluntad (apatía)	

La dimensión

Permite evaluar el deseo de afirmación personal. Se tienen en cuenta tres criterios: el tamaño, la anchura y la altura de los caracteres.

El tamaño de las letras

Tipo de escritura	*Carácter inducido*	
Grande (caracteres entre 3 y 4 mm)	Confianza en uno mismo, ambición, a veces sentimiento de superioridad (arrogancia)	
Pequeña (menos de 2 mm)	Facilidad de adaptación, modestia, a veces sentimiento de inferioridad (timidez)	

La anchura de las letras

Tipo de escritura	Carácter inducido	
Dilatada (minúsculas más anchas que altas)	Falta de contención, superficialidad (prolijidad)	
Contraída (minúsculas más altas que anchas)	Falta de confianza en uno mismo, prudencia (egoísmo)	
Redonda y aireada	Lealtad, franqueza, generosidad	
Hinchada (grandes bucles)	Histrionismo (necesidad de imponerse), falta de discernimiento y de juicio	

La altura de las letras

Se analiza en función de los movimientos horizontales (letras bajas) y verticales (trazos verticales superiores e inferiores) de la escritura.

Tipo de escritura	*Carácter inducido*	
Ampulosa (mayúsculas muy altas y alambicadas)	Orgullo, autoritarismo	
Sobrealzada (trazos verticales superiores dos veces más altos que los caracteres pequeños)	Falta de realismo y de objetividad	
Rebajada (trazos verticales inferiores dos veces y media más largos que los caracteres pequeños)	Pragmatismo, sentido de lo concreto, realismo	

Tipo de escritura	Carácter inducido	
Baja (trazos verticales superiores e inferiores que sobresalen apenas por arriba y por abajo)	Interiorización, falta de actividad	*(muestra manuscrita)*
Creciente (letras más grandes al final de la palabra)	Franqueza, ingenuidad	*(muestra manuscrita)*
Decreciente (letras más pequeñas al final de la palabra)	Sensibilidad, retraimiento	*(muestra manuscrita)*

La disposición del texto

Permite definir la organización de la personalidad en función de dos ejes:

- Los márgenes izquierdo y derecho simbolizan la relación con uno mismo/con los demás, el pasado/futuro.
- Los márgenes superior e inferior representan idealismo/materialismo, espiritualidad/impulsos instintivos.

Margen	Anchura	Carácter inducido	
A la izquierda	Estrecha (2 o 3 cm)	Fijación en el pasado, dificultad para tomar decisiones, escasa sociabilidad, miedo al futuro	
	Ancha (4 o 5 cm)	Proyección hacia delante, espíritu de iniciativa, sociabilidad, confianza en el futuro	
	Estrechada a la izquierda	Inhibiciones, desconfianza, tacañería	
	Ensanchada a la derecha	Sobreexcitación, impulsividad, prodigalidad	

Margen	Anchura	Carácter inducido	
A la derecha	Estrecha o inexistente	Carácter emprendedor	
	Ancha	Aprensión, falta de iniciativa, miedo al futuro	
Arriba	Ancha (más de un tercio de página)	Exceso de idealismo, sumisión a la autoridad	
	Estrecha	Falta de realismo, dificultades de integración	

Margen	Anchura	Carácter inducido	
Abajo	Ancha	Falta de realismo y de sentido práctico	
	Estrecha	Falta de imaginación, materialismo excesivo	

La firma

Simboliza la relación con la sociedad y permite evaluar la imagen de uno mismo que se desea ofrecer a los demás.

Tipo	Carácter inducido	
Letras más grandes que las del texto	Necesidad de afirmación, orgullo, arrogancia, pretensiones	

Tipo	Carácter inducido	
Letras más pequeñas	Falta de afirmación, timidez, inhibiciones	
Muy cerca del texto	Modestia, necesidad de protección	
Lejos del texto (separación de más de cinco líneas)	Despreocupación, indiferencia hacia los demás	
Centrada (en el centro de la línea)	Falta de decisión, prudencia	
Situada a la izquierda	Falta de confianza (en uno mismo, en el futuro…)	

Tipo	*Carácter inducido*	
Ascendente	Exceso de ambición, de confianza en uno mismo	
Descendente	Falta de ambición, de voluntad, de valor	
Seguida de un punto	Falta de apertura a los demás	
Subrayada por un trazo	Voluntad de afirmarse, de progreso	
Cubierta por un trazo	Necesidad de dominación, rigidez emocional	

Tipo	Carácter inducido	
Tachada	Falta de autoestima, dificultad para comunicarse, rechazo del compromiso	
Enmarcada por dos trazos	Búsqueda de protección, falta de independencia	
Rodeada	Narcisismo, egocentrismo	
Con guirnalda	Flexibilidad, amabilidad, sentimentalismo, ingenuidad	
Ilegible (si el texto es legible)	Huida ante las responsabilidades	
Legible y sencilla	Sentido del compromiso, búsqueda de eficacia	

¿Cómo «escribir bien»?

Lo ideal: una escritura bien recta que se incline a la derecha 60°, unas líneas estables que no suban ni bajen (coloque una página cuadriculada bajo la hoja blanca). La altura adecuada para las letras: 5 mm para las altas (b, h, l, p...), 2,5 para las bajas (a, c, m, r...). El texto debe estar centrado con un margen de entre 4 y 5 cm a la izquierda y de entre 2 y 3 cm tanto a la derecha como arriba y abajo.

La escritura debe ser lo más regular posible, desembarazada de sus «tics». Evite en particular los círculos sobre las íes (muestra de vanidad e infantilismo), las mayúsculas injustificadas, en particular dentro de las palabras (exageración del ego), las letras separadas entre sí de forma sistemática (falta de espontaneidad) o demasiado puntiagudas y cortadas (tendencias agresivas).

El carácter

A principios del siglo XX, dos psicólogos clínicos, Heymans y Wiersma, destacaron tres factores fundamentales del carácter: la emotividad (emotivo/no emotivo), la actividad (reactivo/proactivo) y la orientación de la personalidad (extravertido/introvertido).

Tras analizar las proporciones relativas de estos factores en una vasta población (varios miles de personas), definieron ocho grandes tipos de carácter.

Para la mayoría de los psicólogos, esta tipología constituye hoy en día el sistema más completo de definición del carácter.

Veamos una serie de afirmaciones más o menos contradictorias. Marque cada vez la que le parezca que se corresponde mejor con su personalidad (a o b).

1. a. Se lo toma todo muy a pecho, incluso las pequeñas cosas sin importancia o que no le afectan de forma directa. ♣
   b. Se muestra bastante distanciado con respecto a los acontecimientos en general; sólo se conmueve cuando se trata de algo importante o grave. ♦

2. a. Los hábitos son importantes para usted; no le gusta lo imprevisto. ●
   b. Detesta todo lo que es rutinario, previsto de antemano. ★

3. a. Se indigna con facilidad ante una injusticia, aunque no se vea afectado. ♣
   b. Tiende a aceptar las cosas como son, aunque sus deseos se vean contrariados por las circunstancias. ♦

4. a. Es más bien movido: le cuesta permanecer sentado detrás de su mesa. ♥
   b. Es más bien tranquilo; no corre sin parar de una mesa a otra. ♠

5. a. No soporta el desorden. ●
   b. Un poco de desorden no le molesta demasiado. ★

6. a. Se muestra muy ansioso ante los cambios (reorganización, compra, fusión, absorción, etc.). ♣
   b. Se muestra más bien impaciente ante los cambios. ♦

7. a. Tanto en su trabajo como en su vida, trata de actuar según sus principios. ●
   b. Prefiere adaptarse a las circunstancias, aunque choquen con sus ideales. ★

8. a. Cambia con frecuencia de humor sin razón aparente. ♣

b. Casi siempre está de un humor homogéneo. ♦

9. a. Se inquieta con frecuencia por cosas sin importancia. ♣
   b. No suele preocuparse de manera excesiva en la mayoría de los casos. ♦

10. a. A menudo da la impresión de ser una persona desgraciada. ♣
    b. Parece más bien contento con su suerte. ♦

11. a. Le cuesta permanecer inactivo aunque no tenga nada que hacer; necesita estar siempre ocupado. ♥
    b. Puede pasarse horas soñando despierto y dejando volar su imaginación cuando no tiene nada urgente que hacer. ♠

12. a. Siempre se preocupa por las consecuencias a largo plazo de sus decisiones. ●
    b. Se interesa ante todo por los resultados inmediatos. ★

13. a. A menudo le cuesta concretar sus ideas y pasar a la acción, aunque haya tomado una decisión. ♥
    b. No tiene dificultades para hacer lo que ha decidido; no espera para actuar. ♠

14. a. Con frecuencia hace planes, listas y programas tanto en los momentos de ocio como de trabajo (agenda, actividades). ●

b. Actúa más bien sin reglas concretas, en función de las circunstancias y del humor del momento. ★

15. a. Habla a menudo de lo que ha sido o podría haber sido. ♥
    b. Prefiere actuar, hacer proyectos y preparar el futuro. ♠

16. a. Siempre llega hasta el final de lo que ha empezado. ●
    b. Tiende a no acabar las cosas. ★

17. a. Cuando tiene que hacer algo, lo hace enseguida. ♥
    b. A menudo tiende a dejar las cosas para el día siguiente. ♠

18. a. Tiende a desanimarse con facilidad en caso de dificultades. ♥
    b. Se siente más bien estimulado por las dificultades. ♠

19. a. Se decide siempre muy deprisa, incluso en los casos difíciles. ♥
    b. Con frecuencia le cuesta tomar decisiones, incluso para cosas sencillas. ♠

20. a. No retrocede ante el esfuerzo cuando cree que puede mejorar las cosas. ♥
    b. Se conforma con la situación cuando cambiar las cosas exige demasiado trabajo y esfuerzo de su parte. ♠

21. a. Es muy susceptible. Le cuesta soportar las críticas, aunque se encuentren muy bien fundamentadas. ♣
    b. Acepta bastante bien las críticas, sobre todo cuando son constructivas. ♦

22. a. Cuando le pide a alguien que haga algo, no puede evitar estar encima de él para velar por que todo se haga como es debido y como usted desea. ♥
    b. Cuando delega, deja de pensar en ello; confía (hasta cuando tiene motivos para no hacerlo). ♠

23. a. Tiende a perder los papeles cuando se siente incómodo. ♣
    b. No se altera con facilidad, ni siquiera cuando se encuentra inmerso en una posición un poco difícil. ♦

24. a. Desconecta enseguida cuando tiene que conformarse con escuchar sin hacer ninguna otra actividad. ♥
    b. Se mantiene atento aunque la cosa dure mucho. ♠

25. a. Con frecuencia eleva el tono de voz. ♣
    b. Habla casi siempre de forma tranquila y sosegada. ♦

26. a. A menudo se pone nervioso cuando tiene que hablar en público. ♣
    b. No suele ponerse nervioso. ♦

27. a. Cuando tiene que ausentarse, deja instrucciones estrictas. ●
    b. Cuenta mucho con los que se quedan. ★

28. a. Es muy estable en sus simpatías (o sus enemistades). ●
    b. Cambia continuamente de opinión sobre las personas. ★

29. a. Después de una bronca, le cuesta hacer borrón y cuenta nueva; suele ser más bien rencoroso. ●
    b. No vuelve a pensar en ello; no es especialmente rencoroso. ★

30. a. Tiene ideas y opiniones muy firmes; le cuesta cambiar de opinión, se obstina con extremada facilidad. ●
    b. Tiene sus opiniones, pero es muy abierto; se deja convencer o seducir con facilidad por la novedad de una idea. ★

¿Cómo analizar sus resultados?

Cuente los distintos símbolos que ha obtenido y, según sus símbolos mayoritarios, lea el perfil correspondiente (o los perfiles correspondientes en caso de empate entre dos símbolos).

- *Perfil* ♣♥★ *(emotivo-proactivo-extravertido): «luchador»*

Su valor dominante: la necesidad de acción. Siempre en movimiento. Necesita tensión para sentirse vivo y dar lo mejor de sí mismo. Reacciones emocionales frecuentes, muy vivas (monta en cólera por cualquier cosa), aunque poco duraderas. Optimismo y buen humor; a menudo le falta contención (demasiado expresivo, exuberante, entusiasta, excesivo, audaz). No vacila jamás, decide enseguida (la otra cara de la moneda es que no reconoce que puede equivocarse); con frecuencia es un cabecilla.

Su fuerza: desde el punto de vista social, no duda de nada (todo es posible para usted, no ve obstáculos…). Por ello, a menudo consigue sus objetivos (con descaro, sorprendiendo, intimidando…) donde otros ni siquiera se atreverían a intentarlo.

Para entregarse a fondo: en apariencia, es una persona tenaz, armada para la competición. Pero sus éxitos se deben siempre en gran parte a la suerte o a la debilidad de los demás. Aprenda a ser paciente (en lugar de decidir y actuar deprisa porque no sabe esperar) y prudente (en vez de asumir riesgos inútiles).

La actitud adecuada con usted: tratarle con guante blanco; detesta que le lleven la contraria, tener que esperar o que le digan no. Y evitar las relaciones de fuerza: lejos de abatirle, los desacuerdos y conflictos le estimulan y le permiten imponer aún más su autoridad. Por lo tanto, no hay que proponerle nunca nada que se parezca a una elección radical, a amenazas o a un ultimátum («O..., o...»). No sólo se cree siempre lo bastante fuerte para ganar en todas las situaciones, sino que en caso de obstáculo tiende a arremeter sin mirar (no importa que ello provoque un enfrentamiento).

- *Perfil* ♣♥● *(emotivo-proactivo-introvertido): «dominador»*

Su valor dominante: el objetivo que alcanzar. Muy atractivo y «concentrado», está muy bien armado para la competición social (o amorosa). Dominador, apto para el mando, tiende a considerar que la vida es una lucha incesante (hasta ahora nunca se ha sometido). Es ambicioso y no pone mala cara ante el esfuerzo. Cuanto más está en juego (tiene el buen sentido de no intentar lo imposible), más tenaz se muestra.

Su fuerza: una voluntad muy bien canalizada (casi siempre). Sabe lo que quiere, establece unos objetivos y fija unas etapas (a medio y largo plazo); es capaz de soportar, de encajar mucho, de rebotar después de un fracaso.

Para ser más eficaz: firme en sus decisiones y elecciones, tiende a bloquearse cuando debe improvisar (frente a lo imprevisto) o en las situaciones de urgencia. Aprenda a adaptarse (en lugar de obstinarse contra viento y marea) y a evitar los obstáculos (en lugar de afrontarlos de cara).

La actitud adecuada con usted: el entusiasmo. Usted es alguien que se implica a fondo en lo que hace (a veces incluso puede mostrarse muy maniático u obsesivo) y no soporta que los demás no hagan lo mismo. Detesta a las personas poco enérgicas, tibias y débiles, así como la falta de motivación, la pereza y la renuncia.

- *Perfil* ♣♠★ *(emotivo-reactivo-extravertido): «impulsivo»*

Su valor dominante: la necesidad de cambio. Tiene usted un humor y unas ideas muy variables. Es una persona inestable: poco constante en sus afectos (enseguida se deja seducir y consolar) e irregular en su trabajo (hace sólo lo que le gusta).

Le cuesta organizarse, adquirir hábitos y seguir una rutina.

Necesita sin cesar estímulos y novedades para evitar la inactividad y el aburrimiento.

Su fuerza: la movilidad (de las emociones, los sentimientos y las ideas) y la aptitud para el cambio (se adapta sin dificultades a situaciones, actividades y ambientes distintos).

Poco apegado a las cosas y a las personas, no sufre mucho cuando las pierde.

Para ser más combativo: muéstrese menos indeciso. Ante una decisión sencilla, se pasa horas sopesando los pros y los contras.

Y no busque sin parar buenas razones para no actuar (siempre las encuentra).

La actitud adecuada con usted: evitar las presiones. Frente a demasiadas obligaciones del mundo exterior, problemas y complicaciones, tiende a escabullirse encerrándose en su despacho, en sus cuentas, e inventándose obligaciones externas para desaparecer.

En el fondo, no se inclina mucho por la vida colectiva y por socializar en exceso; en la mayoría de los casos, necesita soledad para recuperarse.

- *Perfil* ♣♠● *(emotivo-reactivo-introvertido): «afectivo»*

Su valor dominante: la autoconservación. Ultrasensible a los acontecimientos externos (es una persona introvertida y tímida), pronto se ve afectado en su humor y en sus sentimientos. A menudo melancólico, ansioso o descontento de sí mismo, tiende a darle vueltas al pasado. Poco a gusto en sociedad (no tiene facilidad ni de palabra ni de trato), renuncia con rapidez en caso de dificultades.

Su fuerza: su buena voluntad (siempre intenta hacer bien las cosas), su seriedad (a menudo trabaja más y mejor que los demás) y su lealtad (nada de enredos).

Para progresar más: confíe más en sí mismo. Olvide sus sentimientos de inferioridad o de culpabilidad y «libérese». Al principio es posible que se muestre un poco torpe, pero muy pronto sabrá lo que le conviene y encontrará las actitudes adecuadas (en sus relaciones con los demás).

La actitud adecuada con usted: infundirle seguridad (sobre los acontecimientos, las intenciones, los proyectos, el futuro, etc.), ya que en el fondo no está hecho para la acción (demasiado cargada de posibles riesgos) ni para los cambios. Tiene una personalidad más bien ansiosa: necesita situaciones y relaciones estables y duraderas.

- *Perfil* ♦♥★ *(no emotivo-proactivo-extravertido): «ambicioso»*

Su valor dominante: el éxito social. Quiere muchas cosas, a veces ve las situaciones a lo grande (siempre en lo que se le da bien), pero no espera a que le saquen las castañas del fuego. Es trabajador (siempre se encuentra ocupado) y emprendedor. Bastante oportunista también (enseguida saca provecho de las circunstancias) y muy sociable (una persona extravertida a la que le encanta la vida social). Tiene grandes cualidades para las relaciones (buen observador, cortés, ingenioso, diplomático).

Su fuerza: no afrontar nunca los problemas a la brava. Mucha reflexión antes de actuar y circunspección después. Sabe situar sus peones, prever las reacciones y adelantarse a los acontecimientos (siempre tiene prevista una solución de reserva para adaptarse).

Para estar mejor considerado: muéstrese más espontáneo. A menudo adopta medios muy retorcidos para conseguir las cosas cuando sería mucho más sencillo pedirlas. Como consecuencia, parece una persona manipuladora e interesada.

La actitud adecuada con usted: irse adaptando a medida que evolucionen las cosas (no tomar nada al pie de la letra, no considerar nada un derecho adquirido). Para usted, todo (los problemas, las dificultades y los conflictos) es un pretexto para jugar y utilizar la astucia (e incluso la manipulación).

- *Perfil* ♦♥● *(no emotivo-proactivo-introvertido):* «psicorrígido»

Su valor dominante: el respeto de las normas. Respetuoso con los principios y ponderado, nunca actúa a la ligera. Reticencias antes de comprometerse (pocos arrebatos), aunque después todo es seguro e inquebrantable. Es usted tan tenaz como paciente. Para usted, una decisión y una promesa (hechas a sí mismo o a los demás) son sagradas. Imposible no mantenerlas y mostrarse caprichoso.

Su fuerza: la inquebrantable firmeza de sus decisiones. Nada puede desviarle de sus objetivos, ni las dificultades (halla los medios necesarios), ni la falta de apoyo de los demás (asume sus responsabilidades), ni los reveses (se recupera pronto después de un fracaso).

Para ser más eficaz: al mantenerse fiel (contra todos los obstáculos) a su primera decisión, a veces se vuelve esclavo de ella. Puede cambiar de planes (cuando sea más realista, más provechoso) sin sentirse de forma inconsciente culpable o amenazado.

La actitud adecuada con usted: la objetividad. Es una persona muy distante. Por lo tanto hay que eliminar la pasión (enfoques, debates, problemas, etc.) y mostrar tanta sangre fría como usted en todas las circunstancias, ya que a menudo está convencido de que los demás están hechos a su imagen y semejanza.

- *Perfil ♦♣★ (no emotivo-reactivo-extravertido): «veleidoso»*

Su valor dominante: la búsqueda del placer. Muchas intenciones y proyectos simplemente se quedan en la fase de veleidades. En concreto, le falta tenacidad. Actúa llevado por una decisión irreflexiva (por un impulso, por un flechazo...), pero enseguida, si sus intentos no se ven coronados por el éxito, abandona. Y cuando alcanza sus objetivos, se cansa. Como consecuencia, no llega a terminar nada.

Su fuerza: es de buena pasta, siempre muy disponible (aunque a menudo hace las cosas con desgana), conciliador (para no tener problemas) y tolerante (a menudo por indiferencia).

Para tener más impacto: piense más en el esfuerzo (las satisfacciones son más duraderas) y menos en los placeres (siempre muy efímeros). Y muéstrese más perseverante. No cambie sin parar (de opinión, de proyecto, de decisión…).

La actitud adecuada con usted: jugar sin parar la carta de la nueva aventura; no hay nada como eso para interesarle, excitarle y motivarle (varias horas o varios días).

En el fondo, es una persona que vive el momento, que da poco pie a los demás. Problemas, crisis, conflictos, nada le afecta de forma profunda ni duradera. Puede ceder en apariencia y decir que sí a todo, pero cuando pasa la tormenta vuelve a la casilla de salida.

- *Perfil* ♦♣● *(no emotivo-reactivo-introvertido): «evitador»*

Su valor dominante: la necesidad de tranquilidad. Esta puede adoptar diversas formas. La dejadez: deja para mañana de forma sistemática lo que puede hacer hoy. El idealismo: objetivos inaccesibles (es inútil intentarlo), espera de condiciones óptimas para actuar (mientras estas no se reúnan, cosa que no sucede nunca, no mueve un dedo). El pesimismo: dramatiza las dificultades (reales) o las imagina para no hacer nada.

Su fuerza: la indiferencia. Con mucho distanciamiento con respecto a las cosas, más orientado hacia sí mismo, es poco vulnerable a los acontecimientos externos. Se adapta a la perfección a la soledad (muy reservado, taciturno).

Para tener más potencia: deje de vivir en el pasado. Deshágase de todo lo que le sobra (tanto en los armarios como en la cabeza) y le impide avanzar. Haga una lista de todas sus costumbres y, cada día, cambie una (por lo menos).

La actitud adecuada con usted: seguirle la corriente para llegar a influirle. Es una persona muy anclada en sus certezas y prejuicios. Cuanto más se le intenta presionar, más se resiste y se apega a sus ideas, proyectos, etc. Por lo tanto, no funciona nada que se parezca a la confrontación.

La forma de inteligencia

Ya sea para coser un botón o para teclear en un ordenador, no todos utilizamos la misma parte del cerebro para actuar.

Depende de nuestra «preferencia cerebral». ¿Utiliza usted más el hemisferio derecho o el hemisferio izquierdo? ¿Es más «cortical» o «límbico»?

De cada una de las afirmaciones siguientes, marque aquella en la que se reconozca de una manera más evidente.

1. En la vida, en general:
   a. Busca siempre un sentido a las cosas (necesita comprender el porqué y el cómo).
   b. Necesita ante todo libertad: no soporta las obligaciones, las normas ni la rutina.
   c. Es un idealista; quiere lo mejor del ser humano en el mejor de los mundos.
   d. Tiene sentido del deber y de las responsabilidades (aunque a veces se derrumba bajo su peso).

2. En el instituto, estaba más dotado:
   a. En matemáticas.

b. En lengua.
   c. En idiomas.
   d. En física.

3. Qué recuerdo conserva de sus estudios:
   a. Nunca tuvo problemas para estudiar; más bien le gustaba.
   b. Era muy ecléctico (se interesaba por cosas muy distintas, a menudo sin relación entre sí).
   c. Aprendía mejor y más deprisa cuando tenía profesores simpáticos (más que en los libros).
   d. Aprendió sobre todo muchas cosas útiles que hoy en día le sirven en su vida o su trabajo cotidianos.

4. La profesión que le habría gustado desempeñar:
   a. Ingeniero.
   b. Psicólogo.
   c. Abogado.
   d. Arquitecto.

5. Desde el punto de vista social:
   a. Es bastante reservado (más observador que actor).
   b. Es muy abierto (establece contactos con facilidad, enseguida se siente a gusto en todas partes...).
   c. Se pone con facilidad en el lugar de las otras personas (incluso en el supuesto de que los conozca poco).

d. A menudo se pone a la defensiva cuando no conoce a las personas.

6. En sus relaciones con los demás:
a. No utiliza el guante blanco cuando tiene que hacer una crítica (a veces hiere a las personas sin querer).
b. Pocas veces «presiona» (más por indiferencia que por verdadera tolerancia hacia las otras personas).
c. Tiende a tomarse las críticas (incluso justificadas) como ataques personales.
d. No soporta que los demás cometan errores (aunque sean muy pequeños).

7. Cuando tiene que tomar una decisión que resulta bastante difícil:
a. Sabe zanjar la cuestión cuando es necesario sin pesar ni sentimentalismo (se lo reprochan bastante a menudo).
b. Se decide más bien de forma impulsiva, confiando en su instinto.
c. Tiene tendencia a titubear pensando en las consecuencias negativas que puede acarrearles a los demás.
d. Una vez que está tomada, ya no cambia de opinión (lo que provoca que a veces se obstine en el error).

8. Ha prometido a sus amigos dejarlos pasmados con un plato exótico y muy complicado:
a. Los invita a un restaurante que lo tiene como especialidad.

b. Se lanza e improvisa (al menos será original).
c. Busca una buena tienda de comida preparada; sólo hay que meterlo en el microondas.
d. Saca su libro de recetas y sigue al pie de la letra las instrucciones.

9. Con sus hijos:
a. Tiene unas relaciones sobre todo intelectuales.
b. Es bastante irregular en sus manifestaciones de cariño (a menudo le da la impresión de quererlos demasiado o de forma insuficiente).
c. Se muestra muy cálido; tiende un poco a dejarlos hacer lo que quieren.
d. Les pide ante todo que respeten las normas; a menudo le cuesta expresar su cariño con palabras o gestos.

10. Cuáles son sus relaciones con la autoridad:
a. No tiene problemas para respetar la autoridad cuando posee un fundamento de peso (un saber, una legitimidad, una competencia real...).
b. Le cuesta soportar la autoridad (en particular cuando no sirve de nada).
c. Para usted, el carisma es mucho más importante que la autoridad (también piensa que la naturaleza humana es buena).
d. Tiene sentido de la jerarquía (tanto hacia arriba como hacia abajo) y un aspecto a veces un tanto rígido.

11. Qué lugar le otorga al trabajo en su vida:
    a. Puede sacrificar mucho (vida familiar, aficiones, etc.).
    b. A menudo teme acabar aburriéndose.
    c. Ante todo pretende desarrollarse de forma personal (y anima a los demás a hacer lo propio).
    d. Busca de forma prioritaria conseguir la mayor eficacia posible.

12. Cómo trabaja:
    a. Tiende a gestionar sus actividades una tras otra (un expediente, una tarea, un objetivo, una etapa cada vez).
    b. Le gusta trabajar con urgencia (espera hasta que llega el último momento para hacer las cosas).
    c. Siempre dedica mucho tiempo a los demás (aunque eso implica que se retrase en su propio trabajo).
    d. Es una persona muy puntual y organizada (hace una lista con las cosas pendientes, lo planifica todo, tira lo que no hace falta, etc.).

13. Su solución para ganar tiempo en la oficina o en casa:
    a. «Me encierro para que los demás no me molesten».
    b. «Hago dos cosas a la vez».
    c. «Pido a los demás que me ayuden».
    d. «Compro una agenda y hago una lista con todas las tareas pendientes».

14. A solas en casa, para relajarse, tiende más bien a:
   a. Navegar por la red, hacer bricolaje o leer revistas.
   b. Hacer crucigramas o sudokus, jugar a videojuegos o ver la tele.
   c. Leer, coser (o hacer punto) o escuchar música.
   d. Soñar despierto, hacer solitarios, hacer las tareas del hogar, cocinar.

15. Con respecto al dinero:
   a. Piensa que a veces hay que saber asumir riesgos financieros (calculados).
   b. A menudo tiende a administrar su presupuesto a la buena de Dios.
   c. No está muy dotado para hacer buenos negocios.
   d. No tiene problemas para establecer un presupuesto y administrarlo (ciñéndose a él).

16. Gana 12 000 euros en la Primitiva; compra:
   a. Un paquete de acciones confiando en aumentar diez veces su inversión en tres años.
   b. Una pantalla de plasma gigante Fujitsu para crear su *home cinema*.
   c. Un coche para su hija como regalo por aprobar las pruebas de acceso a la universidad.
   d. Una participación en un fondo de inversión de bajo riesgo.

17. Su elección para pasar un domingo con buen tiempo:

a. Jugar al golf.
b. Ir en bicicleta o practicar la equitación.
c. Ocuparse del jardín.
d. Ir a remar a un lago.

¿CÓMO ANALIZAR SUS RESULTADOS?

Cuente las respuestas a, b, c y d, y lea su perfil dominante. Nota importante: como las personas no suelen ser tipos puros, también puede consultar su tipo secundario, sobre todo si sólo hay uno o dos puntos de diferencia con su tipo dominante.

- *Mayoría de a*
Su preferencia cerebral: cortical izquierda. En usted, es el centro del lenguaje y de la abstracción el que manda, el hemisferio que piensa (situaciones, acontecimientos, problemas) y actúa de forma metódica. Y, en concreto, su parte superior (el córtex), responsable de todas las facultades cognitivas, del control de las emociones y de los instintos.
Su forma de inteligencia: racional. Tiene una inteligencia lógica, que da prioridad al análisis de los hechos, a la reflexión lógica y a la objetividad.
Sus puntos fuertes:
• El realismo: ante una situación o un problema determinados, es capaz de reunir los hechos, seleccionar lo importante (dónde, cuándo, cómo, cuánto), analizar las posibilidades, establecer prioridades, decidir y actuar (con firmeza y perseverancia).
• El gusto por el rendimiento: es consciente de su propio valor (sólo cuenta consigo mismo) y lucha por demostrar que es el mejor.

Sus puntos débiles:
- Un aspecto «tecnócrata»: no es lo bastante sensible a las necesidades, expectativas y motivaciones de los demás (cree que basta apelar a la razón y a la objetividad para que las cosas funcionen).
- La falta de persuasión: no sabe convencer (escuchar, argumentar, conseguir el acuerdo de los demás).
- El nivel de exigencia: pide demasiado a los demás (esfuerzos, resultados, etc.).
- Le cuesta afrontar lo imprevisto y adaptarse a los cambios.

La forma adecuada de tratarle:
- Ir directamente a lo esencial (no le gusta que le molesten); ser breve y conciso cuando hay que decirle algo.
- Adoptar un enfoque impersonal de los problemas o dificultades. Cuando están en juego sentimientos o inquietudes, presentárselos como hechos a tener en cuenta en el análisis del problema.
- Expresar consideraciones de eficacia y beneficios. Estas dos nociones son fundamentales para usted.
- Mostrarse objetivo, lógico, racional. Por ejemplo, en caso de tener que tomar una decisión, presentarle los pros y los contras y proponerle tres opciones posibles.
- Mantener la calma en toda circunstancia (a veces resulta muy hiriente sin pretenderlo).

Para qué está dotado: la informática, el bricolaje, el trabajo de la madera, el golf, los juegos de estrategia, los coches (reparaciones y colecciones), los juegos de sociedad y lógica, el modelismo, el *softball*, la caza, las inversiones financieras, el billar, la observación científica, la química, la farmacología, los juegos de preguntas y respuestas intelectuales, la escalada...

Sus cualidades socioprofesionales:
• Es racional.
• Está dotado para analizar las situaciones, aunque no sepa concretar soluciones.
• Se muestra concienzudo y fiable.
• Trabaja de forma rigurosa y metódica.
• Destaca en todo lo que son cifras y sistemas.
• Da prioridad a la competencia técnica por encima de los valores personales.
• Sabe coordinar y organizar el trabajo de los demás. Sabe delegar, pero no se le da bien manejar los conflictos.

Las profesiones adecuadas: ingeniero (aeronáutico, electrónico, civil…), informático (analista, jefe), director financiero, físico, médico (cirugía, psiquiatría), director de márquetin, gerente, profesor (de matemáticas, de golf), restaurador (de muebles, de coches), corredor de bolsa, representante, farmacólogo, antropólogo, neurobiólogo, estadístico, asesor…

▪ *Mayoría de b*

Su preferencia cerebral: cortical derecha. Usted da prioridad al pensamiento en imágenes. A diferencia del hemisferio izquierdo, el derecho procede por asociaciones de ideas más que de forma lógica. Ve la globalidad (más que los detalles), la forma (más que el fondo), y en concreto su parte superior, la que trata la información procedente del mundo exterior (también del interior) y organiza nuestros comportamientos.

Su forma de inteligencia: intuitiva. Tiene una inteligencia visual que da prioridad al instinto, a la imaginación, al espíritu de síntesis, a la conceptualización (está dotado para producir ideas).

Características de los hemisferios derecho e izquierdo

Hemisferio izquierdo	Hemisferio derecho
Verbal	*No verbal*
Emplea las palabras para denominar, describir y definir	Piensa en imágenes, da el tono a la voz
Analítico	*Sintético*
Descompone las cosas etapa por etapa, elemento por elemento	Combina las cosas y los elementos juntos para formar totalidades
Simbólico	*Analógico*
Percibe las cosas como signos de otra cosa	Percibe similitudes entre cosas distintas
Abstracto	*Concreto*
Actúa en cualidades y relaciones aisladas de lo real	Representa el mundo sensible (real o imaginario)
Temporal	*Atemporal*
Concibe el tiempo como una sucesión de instantes	Percibe el tiempo como una duración continua
Racional	*Empírico*
Actúa de manera lógica para sacar conclusiones	Se basa en la experiencia sin tener en cuenta datos formales

Sus puntos fuertes:
- La capacidad de distanciarse: en una situación determinada, ante un problema, puede recapitular, ver lo que hay de bueno, las oportunidades, las posibilidades ofrecidas.
- La iniciativa: no se conforma con reaccionar ante los acontecimientos, sino que propone (situaciones, soluciones, ideas y métodos que los demás no habían pensado) y actúa.
- La flexibilidad: sabe seguir siendo eficaz cuando las cosas cambian y evolucionan (es capaz de revisar su actitud y de adaptarse).

Sus puntos débiles:
- La falta de método y de organización: las contingencias materiales, la logística y la rutina no son lo suyo (es más eficaz a la hora de lanzar ideas y proyectos que para gestionarlos).
- El aspecto «sólo hay que» o «tenemos que»: es ambicioso, ve las cosas a lo grande, pero subestima el peso de las costumbres (de los demás), la inercia de los sistemas.
- La falta de adhesión a un grupo o a unas reglas: tiende a actuar en solitario (le da igual la línea del partido).

La forma adecuada de tratarle:
- Mantenerse en los aspectos generales. Con usted, es posible saltarse las etapas intermedias y llegar muy pronto a las conclusiones. Los detalles (al igual que las explicaciones punto por punto) le llevan a desconectar (demasiado aburridos).
- Presentarle los problemas y dificultades como oportunidades. Hacer valer las nuevas posibilidades, las futuras ventajas (se proyecta con facilidad).

- Resituar siempre los hechos en un contexto: qué significan, qué muestran... Subrayar la originalidad, la novedad, las posibilidades.
- Proponerle soluciones creativas. Cuando puede elegir entre un método nuevo, de resultados inciertos pero prometedores, y los procedimientos habituales, casi siempre prefiere arriesgarse.
- No molestarle con los problemas materiales, pero mostrarse firme en caso de imposibilidad, para impedirle decir «sólo hay que», «tenemos que» y perder todo contacto con la realidad.

Para qué está dotado: la fotografía, el cine, el teatro (como actor y espectador), el aeróbic, el senderismo, la observación de las aves, las actividades artísticas, la artesanía, la bicicleta, los videojuegos, el esquí, los puzles, los crucigramas, la pesca submarina, el ala delta, la equitación, la música, las compras, el urbanismo, los museos y monumentos...

Sus cualidades socioprofesionales:
- Tiene habilidad para jugar con las ideas y las teorías.
- Posee una buena visión de conjunto, aunque a menudo descuida los detalles.
- Está dotado para sintetizar la información.
- Sabe por instinto o por experiencia lo que va a funcionar.
- Destaca en las estrategias y los proyectos a largo plazo.
- Ante todo pone en marcha su imaginación (creatividad, innovación).
- Sabe afrontar lo imprevisto, asumir riesgos y adaptarse a los cambios.
- Resiste bien el fracaso.

Las profesiones adecuadas: fotógrafo, músico, artesano, profesor de arte, de equitación, galerista, cineasta, actor (teatro, cine), ornitólogo, guía de museo, urbanista, diseñador (páginas web, videojuegos, libros, etc.), psicólogo, psicoanalista, filósofo, publicista, director artístico (publicidad, prensa, productos de embalaje), periodista, redactor jefe, guionista, delineante...

Cerebro límbico y cerebro cortical

El cerebro límbico, también llamado cerebro visceral, es el centro de las emociones. Su función consiste en filtrar la información exterior (según unos criterios simples y binarios: placer/disgusto, castigo/recompensa, éxito/fracaso, interés/falta de motivación) antes de transmitirla al córtex (o de bloquearla). Domina la afectividad y resulta esencial para la adaptación social (mecanismos de empatía, de integración, de pertenencia a un grupo, sentimientos de seguridad o inseguridad, impulsos de ataque o defensa, etc.).

Por su parte, el cerebro cortical es responsable de todas las facultades cognitivas y del control de las emociones (cerebro límbico) y los instintos (cerebro reptiliano). A este nivel se recibe y trata toda la información procedente del mundo exterior (también del interior), se organizan los comportamientos, se elaboran los razonamientos y se deciden las acciones. Gracias a él somos capaces de tomar decisiones (buenas o malas) y accedemos a la conciencia.

- *Mayoría de c*

Su preferencia cerebral: límbica derecha. En usted también es el cerebro derecho el que manda, el hemisferio especializado en la percepción de las formas y los colores, la comprensión y la expresión no verbal. Pero en el lado límbico: el centro de las emociones, que afecta a todo lo que corresponde a la adaptación social (mecanismos de empatía, de integración, de pertenencia a un grupo, sentimientos de seguridad o inseguridad, impulsos de ataque o defensa, etc.).

Su forma de inteligencia: relacional. Tiene una inteligencia relacional, basada en la afectividad, la introspección (de sus emociones y sentimientos), la empatía y la buena convivencia.

Sus puntos fuertes:

- El sentido de las interacciones individuales: percibe y reacciona bien ante las necesidades y los deseos de los demás, tiene conciencia de cómo ejerce su propio impacto en ellos.
- El espíritu de grupo (y de equipo): incluso en ausencia de intereses personales directos, es capaz de ayudar, apoyar y mostrarse solidario.
- El sentido del diálogo: nunca impone las cosas, siempre trata de convencer, animando a los demás a expresarse (aunque no esté de acuerdo con ellos).

Sus puntos débiles:

- Cierta credulidad: tiende a fiarse demasiado de los demás cuando le parecen simpáticos (cree todo lo que le cuentan y no lo comprueba).
- La falta de decisión: busca demasiado el consenso (quiere gustar, contentar a todo el mundo, no contrariar a nadie), por lo que no asume sus responsabilidades (y las cosas no avanzan).

• La falta de productividad: como siempre da prioridad al aspecto humano, pierde mucho tiempo y es menos eficaz, menos «rentable» que otras personas más directas.
• A veces le cuesta concebir estrategias o proyectos a largo plazo.

La forma adecuada de tratarle:
• Establecer ante todo un contacto personal y cálido (mostrarse muy cortés). Para usted, lo primero es la relación, la necesidad de armonía.
• Prestar siempre mucha atención a su propio comportamiento no verbal (también al del otro). Usted es mucho más sensible a la forma de decir las cosas que a lo que se dice.
• Presentarle los hechos y problemas insistiendo en el factor humano. Buscar los puntos de acuerdo y proponerle soluciones consensuadas.
• En caso de tener que tomar una decisión, subrayar los valores que están en juego, las posibles reacciones de las personas afectadas.
• En caso de crítica (justificada), hacerlo con guante blanco. Cuando se le ataca de forma demasiado directa, se provocan reacciones de bloqueo o rechazo ante las palabras de los demás.

Para qué está dotado: la creación literaria, la lectura, las colecciones, la costura, el punto, los viajes, las actividades religiosas, la gastronomía, las discusiones con amigos, el canto coral, los juegos con niños, la música (escuchar), la solidaridad con la gente (ayudar a los demás)…

Sus cualidades profesionales:
• Busca ante todo la buena convivencia con las personas que le rodean.

- Se muestra casi siempre simpático, cálido y entusiasta.
- Sabe trabajar en equipo (ayudar, motivar y estimular a los demás).
- Suele ser buen consejero: sabe arbitrar y manejar los conflictos.
- Está muy dotado a la hora de llevar y dirigir negociaciones.
- Resiste bastante bien el fracaso y el estrés, que no le afectan en demasía.
- Es capaz de afrontar lo imprevisto y de adaptarse a los cambios.

Las profesiones adecuadas: formador, guía turístico, novelista, paisajista, decorador, modisto, pediatra, profesor (primaria o secundaria), cocinero, animador (televisión, radio, ferias, supermercados, meriendas infantiles, centros de ocio, clubes...), logopeda, enfermero, periodista, responsable de comunicación, relaciones públicas, abogado, *coach*...

- *Mayoría de d*

Su preferencia cerebral: límbica izquierda. La prioridad en usted se encuentra en el hemisferio especializado en todo lo que es escritura, cifras, cálculo lógico, planos, métodos..., aunque en su versión límbica, el centro de las emociones que filtra la información externa (según unos criterios simples y binarios: placer/disgusto, castigo/recompensa, éxito/fracaso, interés/falta de motivación) antes de transmitirla al córtex (o de bloquearla).

Su forma de inteligencia: sensorial.

Tiene una inteligencia pragmática, que da prioridad a lo concreto, a la organización de los hechos, al control y a la precisión.

* Según Ned Herman. *The Creative Brain*.

Sus puntos fuertes:
• El sentido común: al abordar los problemas de forma práctica y realista, está dotado para encontrar soluciones concretas y eficaces.
• La objetividad: en una situación, en caso de dificultad, es capaz de no apasionarse y relativizar para tomar las decisiones apropiadas.
• El rigor: es organizado (en sus ideas y su trabajo), metódico, disciplinado (hace lo necesario cuando hace

falta), vigilante (descubre el error, la falta y el defecto oculto).

Sus puntos débiles:

• La falta de visión global: con la nariz en el volante, le cuesta distanciarse, tomar altura, proyectarse (destaca más en las realizaciones a corto plazo que a largo plazo).

• La dificultad de adaptación: tiene sus costumbres, sus métodos, su rutina; le cuesta aceptar los imprevistos y cambios (de programa, de ambiente, de interlocutor).

• La falta de flexibilidad: es demasiado puntilloso (con las normas y los procedimientos) y a menudo excesivamente rígido (le cuesta replantearse su actitud).

• No le gustan demasiado los imprevistos, y aún menos los conflictos.

• Arrastra los pies cuando le imponen cambios.

La forma adecuada de tratarle:

• Hablar de forma concreta (hechos precisos, mensurables, verificables, demostrados). Como santo Tomás, sólo cree lo que ve.

• Mostrarse directo: naturaleza exacta de la situación, los problemas o las dificultades, lección de las experiencias pasadas, etc. No omitir ningún detalle: para usted, todo es importante.

• Destacar los beneficios (eficacia, resultados) inmediatos. Las posibilidades y las especulaciones sobre el futuro no le interesan.

• En caso de explicación, no saltarse ninguna etapa. Argumentar paso a paso, punto por punto, con ejemplos y frecuentes vueltas atrás si es necesario para tener la seguridad de haber sido bien comprendido.

• Ser claro: nada de indirectas e insinuaciones, ya que usted se toma las cosas al pie de la letra.

Para qué está dotado: la botánica (herbolarios), el pimpón, correr, los juegos de naipes, los juegos de azar, la talla de madera, el remo, el tenis, la meditación, el humor (contar chistes), la pesca, la gimnasia, los bolos, la cocina (recetas), las tareas domésticas.
Sus cualidades profesionales:
• La búsqueda de eficacia (la suya y la de los demás); está muy dotado para concretar las ideas.
• Se muestra concienzudo y fiable cuando le confían una tarea.
• Trabaja de forma rigurosa y metódica.
• Tiene una gran capacidad de trabajo y de concentración.
• Sabe coordinar y organizar el trabajo de los demás cuando es necesario, pero tiende a impacientarse durante la ejecución; le cuesta delegar responsabilidades (prefiere hacer las cosas usted mismo, a su manera).
• Sabe poner en marcha proyectos, pero destaca más en las realizaciones a corto que a largo plazo.
• Se siente muy a gusto en las tareas rutinarias.
Las profesiones adecuadas: arquitecto, profesor de gimnasia, contable, delineante, farmacéutico, estilista, comprador de moda, crupier (en un casino), responsable de calidad, controlador de gestión, responsable de fabricación, inspector fiscal, químico, controlador aéreo, responsable de logística, masajista, esteticista, conductor de vehículos (tren, metro, camión), empleado de banca, mecánico, agente de policía, *script…*

La autoestima

Una buena autoestima es esencial para sentirse bien y tener relaciones armoniosas. Cuando no se tiene suficiente confianza en uno mismo o se tiene demasiada, se ama y se trabaja mal.

«Es un gran error creerse más de lo que uno es, o menos de lo que uno vale», decía Goethe.

¿Qué valor tiene usted para sí mismo? ¿Cómo reforzarlo? Marque en la lista siguiente cada frase en la que se reconozca.

1. Envidia a sus amigos cuando le hablan de su trabajo.
2. Le cuesta divertirse en las reuniones y fiestas.
3. A menudo tiene la impresión de que su jefe no le toma muy en serio.
4. Se disculpa con frecuencia, aunque no tenga nada que reprocharse.
5. Duda a menudo sin motivo de la fidelidad de sus colaboradores.
6. En el colegio, estaba catalogado entre los «empollones» y era acosado por sus condiscípulos.

7. No presta mucha atención a su alimentación.
8. Tiene la sensación de cometer siempre los mismos errores.
9. En sociedad, con frecuencia teme que le tomen por un cretino, un idiota.
10. Utiliza un nombre o un apellido distinto del que aparece inscrito en su DNI.
11. No hace más que trabajar; apenas tiene otra vida.
12. Alguna vez ha hecho el amor sin preservativo sin estar seguro de su pareja.
13. En la oficina o el fin de semana con los amigos, a menudo carga con todas las tareas.
14. Piensa que, en este momento, alguien le tiene manía en la oficina.
15. Ha dejado de contar los libros, CD y DVD que ha prestado y nunca le han devuelto.
16. Sufre migrañas con frecuencia.
17. Con frecuencia tiene la sensación de ser incomprendido.
18. Bebe al menos un vaso de alcohol fuerte cada día.
19. Es muy sensible a la meteorología; su ánimo sufre altibajos con el tiempo.
20. Le reprochan a menudo que es demasiado sarcástico o que parece despreciativo.

21. Tiende a hablar atropelladamente o a ruborizarse cuando está nervioso.
22. Cree que sus éxitos se deben ante todo a la suerte.
23. Nunca discute con nadie.
24. Piensa que sus amigos son mucho más inteligentes o cultos que usted.
25. Sufrió abusos sexuales en su infancia o adolescencia.
26. Evita en lo posible hablar en público.
27. Es muy derrochador o, al contrario, muy ahorrativo.
28. Tiende a deprimirse o a ponerse nervioso cuando le hacen un reproche.
29. Los cambios de costumbres, de tareas, de interlocutores o de ambiente le estresan mucho.
30. Piensa que exteriorizar las emociones es un signo de debilidad.
31. Tiende a renunciar enseguida en caso de dificultades o de oposición.
32. No se siente muy a gusto con las personas que no tienen el mismo color de piel que usted.
33. Alguna vez ha iniciado una psicoterapia y no la ha terminado.
34. Le cuesta perdonar (un error, una falta); es muy rencoroso.

35. Piensa que tiene un defecto físico (pechos demasiado grandes o excesivamente pequeños, pene pequeño, etc.).
36. Se juzga según lo que es capaz de realizar por sí solo.
37. Detesta el olor de su propia transpiración.
38. Se dice con frecuencia que algún día su jefe va a darse cuenta de que usted no está a la altura de lo que se espera.
39. Siempre tiene respuesta para todo.
40. No soporta que se burlen de usted, ni siquiera sin mala voluntad.

¿Cómo analizar sus resultados?

Cuente un punto por frase marcada y lea el perfil correspondiente.

- *10 puntos o menos*

Su autoestima: alta, aunque bastante inestable. A priori, tiene verdadera seguridad en sí mismo, mucho aplomo y convicción. No tiene miedo de mirar a las personas a los ojos ni de decir en voz alta lo que piensa y lo que quiere. La gente se dice: «Ese está seguro de sí mismo», «Esa está segura de sí misma». Consigue muchas cosas porque tiene conciencia de su valor y un deseo real de éxito (dedica mucha energía a su autopromoción). No teme entrar en competición. No pasa nada si fracasa; su confianza en sí mismo permanece intacta mientras pueda justificar su fracaso. Pero, como tiene una imagen muy idealizada de sí mismo, también es muy vulnerable al juicio de los demás: es muy sensible a las críticas (siempre intenta defenderse y justificarse incluso sobre cosas de poca importancia).

Cómo protegerla: acepte sus defectos y debilidades. Como todo el mundo, usted no es perfecto, así que relativice. No malgaste sus energías, no agote su ánimo para estar al nivel más alto o para reparar sus defectos. Si no tiene oído musical, deje las clases de piano. Si no se entiende bien con los ordenadores, vuelva al papel y al lápiz. Si no es muy ambicioso, no se fuerce a serlo. Cuando uno se esfuerza por reparar un defecto o desarrollar una capacidad para la que no está dotado, por supuesto puede mejorar, pero hace muchos esfuerzos por unos resultados que no valen la pena. Al obsesionarse con lo que no funciona en usted, a veces maltrata su ego y pierde un tiempo precioso que puede utilizar con mayor eficacia explotando sus verdaderos talentos. En cambio, al centrarse sólo en sus cualidades, halaga su ego y obtiene mayores satisfacciones. Ya no pierde el tiempo inquietándose por sus errores ni reacciona de forma emocional cada vez que alguien le hace una reflexión o un reproche. En el fondo de sí mismo, sabe que es capaz de hacer frente y de salir bien parado en todas las circunstancias.

- *De 11 a 19 puntos*

Su autoestima: alta, pero bastante estable. En el fondo, tiene una excelente imagen de sí mismo, ni muy alta (no cree que las cosas se le deben) ni muy baja (no le paraliza el nerviosismo ni el miedo al fracaso). Conoce su verdadero valor y sus limitaciones. Por ello, nunca hace demasiado ni muy poco. Sabe hasta dónde puede llegar, los riesgos que puede asumir y cuándo debe retirarse. Consigue mucho porque no se engaña a sí mismo ni hace trampas con los demás (no necesita ser excepcional o perfecto para ser apreciado y respetado por la gente).

Posee también una estabilidad emocional bastante buena: es poco sensible al qué dirán y toma las críticas y las felicitaciones de los demás por lo que son (constructivas, ariscas, benévolas, interesadas…).

Cómo mantenerla: reviva sus éxitos. La autoestima varía forzosamente en función de las circunstancias. Si tiene un bajón de forma, o bien problemas laborales o de pareja, se torna vulnerable: se quiere menos que de costumbre.

Con demasiada frecuencia, su ego se ve maltratado por una razón u otra (por ejemplo, sus talentos y méritos no son apreciados en su justo valor): se pone a dudar y se inquieta por los errores que ha podido cometer.

Las reflexiones desagradables, las críticas y los reproches (tanto los de los demás como los que se hace usted mismo) llaman más la atención y pueden «marcarle» de forma más duradera si no hace nada para compensarlas. ¿Cómo? Proyectando con frecuencia la película de sus éxitos de las últimas semanas o los últimos meses. Piense en todo lo que ha hecho bien, tanto las cosas importantes como las pequeñas.

Reviva todos los momentos en que se ha sentido eficaz, envidiado y apreciado, y celébrelos también (aunque ya lo haya hecho). Invite a un buen amigo o a una buena amiga a comer, convide a sus viejas amistades a una botella de cava. Revivir los éxitos, complacerse y complacer a los que nos rodean es la mejor forma de mantener la autoestima.

- *De 20 a 29 puntos*

Su autoestima: baja, pero bastante estable. ¿Sus padres le trataban como un trapo y le estaban diciendo siempre: «Eres ridículo (idiota, incapaz, inútil...)», «No puedo confiar en ti (contar contigo...)»? ¿Es por ser una mujer? Por más que actúe igual de bien que los hombres (a menudo mejor) en su cabeza, siempre es el segundo sexo. Le enseñaron la humildad, la modestia, a conformarse. ¿O acaso quedó traumatizado por un gran fracaso? Sea como fuere, su autoestima hoy en día es bastante baja. Piensa que no vale gran cosa (desde el punto de vista humano) y suele atribuir sus éxitos más a la suerte o a la indulgencia de los demás que a sus propios méritos. Por miedo de no estar a la altura, a menudo deja pasar las oportunidades que le ofrece la vida (fracasa o renuncia).

Cómo reforzarla: empiece por dejar de desvalorizarse. Cuando entregue un trabajo, no lo presente diciendo: «He hecho lo que he podido». Quizá quiera decir: «Seguramente otro lo habría hecho mejor». La gente se pregunta si no haría mejor evitándole, ya que al desvalorizarse usted también hace lo mismo con los que están a su alrededor («Es usted una nulidad al escoger a una nulidad como yo») y refuerza la imagen negativa que tiene de sí mismo. Al contrario, si se respeta, los demás también lo harán. Le escucharán con más atención, le tomarán en serio. Se volverá más creíble, más «merecedor». No le machacarán cada vez que meta la pata. Y cuando tenga que transmitir un mensaje importante (aumento, ascenso...) o una idea, le prestarán un oído más benévolo. Como consecuencia, obtendrá muchas más gratificaciones tangibles y satisfacciones efectivas que mejorarán su ego y aumentarán su autoestima.

- *Más de 29 puntos*
Su autoestima: baja y bastante inestable. ¿Tuvo una infancia muy difícil (abandono de los padres, traumas físicos o psicológicos)? ¿O sufre las secuelas de una diferencia personal percibida desde hace mucho tiempo como una inferioridad («defecto» estético, pertenencia a una minoría sociocultural, a un ambiente desfavorecido, etc.)? ¿O bien tuvo un grave fracaso (profesional, sentimental...) del que aún no se ha recuperado? Sea como fuere, hoy en día su autoestima es a la vez muy baja (no se siente nada digno de consideración y respeto) y muy frágil (sufre depresión, fobias, o tiene riesgo de sufrirlas). A veces se halla en una espiral de fracaso.

Cómo repararla: en su estado actual, no puede esperar repararse solo; necesita ayuda psicológica (de un terapeuta). Pero mientras llega la consulta, empiece por eliminar sus propios mensajes negativos. La vida está hecha de un modo que todos los días nos vemos bombardeados por mensajes negativos. Cuando era niño, se vio sometido a los juicios desfavorables de su entorno. De adulto, sufre, como todo el mundo, críticas y reproches. Todos estos mensajes negativos, actuales o pasados, le programan para pensar y actuar en función de la buena o mala opinión que los demás puedan tener de usted. Los ha integrado en forma de órdenes. Oblíguese a hacer una lista lo más completa posible de estas: «Debería.../No debería...», «Tengo que.../No tengo que...», «Me veo obligado a...», «Debo...». Cuando haya terminado, sustituya «Debería» por «Podría», «Tengo que...» por «Podría...» y «Debo...» por «Deseo...». A continuación, puede hacer una selección. Conserve todo lo que corresponda a sus propios valores, a sus convicciones, a lo que sea bueno para su cota de amor personal. Deseche el resto. Al eliminar sus propios mensajes negativos, escapa a los intentos de manipulación de los demás y a sus propios intentos (inconscientes) de autosabotaje.

Las emociones

¿Las emociones le estimulan? ¿Le paralizan? ¿Es muy apasionado, muy entusiasta o demasiado tierno y sensible? El siguiente cuestionario está destinado a evaluar su inteligencia emocional desde un punto de vista cuantitativo y cualitativo. Marque en la lista de afirmaciones cada frase en la que se reconozca.

1. Tiende a ruborizarse, a ponerse colorado o a hablar atropelladamente cuando está emocionado o nervioso. ♣
2. Cree que sus éxitos le deben mucho a la suerte que ha tenido. ♦
3. Muchas veces se le acelera el corazón (en sentido propio y figurado). ♣
4. A menudo se avergüenza por cosas que, sin embargo, carecen de importancia. ♣
5. Se pone nervioso cuando tiene que hablar delante de más de dos personas. ♥
6. Es mejor en las pruebas escritas que en las orales. ♥
7. Con frecuencia tiene impresiones de haber visto o vivido algo antes. ♦
8. Piensa que hay algo en su cuerpo que no está bien (pechos demasiado grandes o excesiva-

mente pequeños, musculatura insuficiente, pene pequeño, etc.). ♥
9. A menudo tiene miedo de realizar mal las cosas. ♥
10. Se siente a disgusto cuando hay un gato que merodea cerca de usted. ♥
11. Prefiere trabajar solo (en lugar de en equipo) que hacerlo en una oficina cerrada (en vez de abierta). ♦
12. Ha soñado (al menos tres veces) que estaba desnudo (o medio desnudo) en público. ♠
13. Cree que sus amigos son mucho más guapos, inteligentes y cultos que usted. ♦
14. Es hijo único o el mayor. ♠
15. Se marea con facilidad cuando tiene que viajar en coche. ♥
16. Ha tenido ataques de nervios o de tetania. ♣
17. Tiende a balbucear cuando le hacen preguntas personales muy directas. ♣
18. Con frecuencia le entra la risa tonta por nervios. ♣
19. La víspera de una prueba (examen, entrevista de trabajo…) no consigue dormir (o se despierta a las cinco de la mañana). ♥
20. Sufre migrañas a menudo. ♠
21. Experimenta con frecuencia la sensación de estar solo o ser un incomprendido. ♠
22. Acostumbra a tener las manos un poco húmedas o muy frías. ♣
23. Le han dicho a menudo: «Deja hablar a los demás». ♠
24. No consigue mirar a alguien a los ojos más de tres segundos seguidos. ♣

25. Se siente a disgusto cuando nota que alguien le observa. ♣
26. Le reprochan con frecuencia que parece demasiado sarcástico (o despreciativo) con sus comentarios. ♠
27. Diría que no si le pidiesen que participase en un concurso de televisión (aunque le ofreciesen 5000 euros). ♦
28. Cuando tiene que coger un tren, llega siempre a la estación al menos una hora antes, de manera muy previsora. ♥
29. Rehúsa cada vez que le invitan a una fiesta (por otra parte casi nunca le convidan o han dejado de hacerlo). ♦
30. Se toma las críticas bastante mal. ♠
31. Suele «chivarse», no para perjudicar a nadie, sino para quedar bien. ♠
32. En su primera infancia, tuvo episodios de sonambulismo. ♦
33. No soporta las cosquillas (le ponen histérico por completo). ♣
34. No se siente muy a gusto con las personas que no tienen el mismo color de piel que usted (y esto puede aplicarse también a todos los desconocidos en general). ♥
35. Alguna vez ha tenido la impresión de haber «salido» de su cuerpo. ♦
36. Le cuesta perdonar (un error, una falta); es bastante rencoroso. ♠
37. Siente poco o ningún deseo sexual. ♦
38. Admira a las actrices (o le parecen todas unas nulidades); ídem para los actores si es usted un hombre. ♠

39. Nunca discute con nadie, sea cual sea la circunstancia o el momento. ♦
40. Es muy miedoso desde el punto de vista físico: a menudo tiene miedo de ser atacado, de lesionarse o de intoxicarse comiendo algo poco sano. ♥

¿Cómo analizar sus resultados?

Cuente un punto por frase marcada y lea el perfil correspondiente.

- *Menos de 23*
Su CEM: «elevado».

En usted, lo racional y lo emocional están bastante bien equilibrados.

Posee todos los ingredientes (conciencia de sí, de su impacto en los demás, empatía, autocontrol, etc.) y en la dosis adecuada para sentirse bien y tener relaciones fluidas con los demás.

A priori es comprensivo y paciente, pero también es capaz de controlar y manejar momentos complicados o personas difíciles.

Sabe reflexionar y mantener la tranquilidad (y el optimismo) aunque se enfrente a duras pruebas que pondrían en problemas a otros.

Pero cuando se trata de emociones, incluso los más flemáticos se desmoronan a veces (basta una vez).

¿Qué pasa cuando pierde la calma? ¿Qué debilidad muestra? Cuente los distintos símbolos (corazones, tréboles, picas o diamantes) que ha obtenido y consulte más abajo el comentario correspondiente.

- *23 y más*
Su CEM: «bajo».
No hay duda, en usted lo emocional (impresiones, sensaciones, impulsos, etc.) perturba en muchas ocasiones lo racional (el juicio, la toma de decisiones, etc.). Y, a la inversa, sus sentimientos sufren a menudo debido a su «lógica». Con frecuencia tiene una mala apreciación de las personas y las situaciones, así como reacciones excesivas (en positivo o en negativo). En la vida cotidiana, eso no le plantea demasiados problemas, pero en las situaciones críticas (fuertes presiones, conflictos, etc.) tiende a patinar. ¿De qué forma y cómo ponerle remedio? Cuente sus distintos símbolos y consulte a continuación el comentario correspondiente.

- *Mayoría de* ♠
Su debilidad: la arrogancia.
En apariencia, mucho aplomo y audacia. No tiene miedo de mirar a la gente a los ojos, de decir en voz alta lo que piensa y lo que quiere, de entrar en conflicto. Se atreve cuando los demás no lo hacen (incluso se excede a menudo). Los demás dicen: «Ese (o esa) tiene las ideas claras, está seguro de sí». Pero, en el fondo, es una persona tímida.

Su problema: un superego (las prohibiciones de los padres interiorizadas) dominante. Ello da lugar a fuertes sentimientos de culpabilidad («No puedo mostrar que tengo miedo de no estar a la altura») y la afirmación de una falsa superioridad. Esta se manifiesta a través de conductas meritorias (queriendo hacer siempre más o mejor que los demás) o acusadoras (criticando sin parar, sermoneando). Ello da lugar a unas relaciones bastante conflictivas con los demás (en la pareja, la familia, el trabajo...): se excluye desde el primer momento (poniendo mala cara) o discute con frecuencia.

Estrategia de refuerzo: esfuércese por ser más sincero consigo mismo y con los demás. No se haga pasar por alguien que no es. No necesita ser el mejor, con cero defectos, para ser apreciado y querido. No tenga miedo de confesar sus debilidades (aunque con moderación). Ello le hará más simpático (borrará su aspecto distante, desdeñoso e incluso arrogante) y le perdonarán con mayor facilidad en caso de error (¿quién no los comete?). Deje también de decir «yo» continuamente. Tiene que aprender a escuchar a la gente (sin juzgarla), a animarla a hablar de sí misma. La próxima vez que se vea con alguien, por ejemplo, oblíguese a hacerle al menos cinco preguntas sobre él mismo.

- *Mayoría de* ♣

Su debilidad: la hipersensibilidad.

En usted todo se amplifica. La gente: le paraliza el nerviosismo, tiene miedo de decir estupideces o de meter la pata, de ponerse a hablar atropelladamente delante de una mujer, ruborizarse delante de un hombre o llorar sin motivo. Los acontecimientos: siempre sobrestima las dificultades, los peligros y los riesgos. Por ello, le entra el pánico en cuanto se ve obligado a destacar (por ejemplo, presentar una exposición ante treinta personas) y se pasa el tiempo escabulléndose (pierde así la mitad de su energía). Renuncia a actividades y proyectos porque teme los contactos y la novedad, y a menudo deja escapar oportunidades (una Julieta o un Romeo que le gusta, un buen negocio, un empleo interesante).

Su problema: la hiperemotividad. Rubor de la cara, manos húmedas, sudadas, risas nerviosas, temblores, balbuceos… Su cuerpo reacciona muchas veces de forma excesiva (como en los histéricos). ¿A qué se debe? Puede ser innato o bien provocado: modificaciones hormonales por ejemplo en el momento de la pubertad (en cuyo caso los trastornos desaparecen después), del embarazo o de la menopausia, grave choque afectivo en la primera infancia (brusca separación de la madre, pérdida de un ser querido…), traumatismo grave (por ejemplo un accidente de coche, una enfermedad infecciosa…), o también intoxicación por una sustancia (alcohol, café, tabaco, cannabis, anfetaminas, cocaína…) o el abandono de la misma.

Estrategia de refuerzo: ante todo, aprenda a respirar bien (inspiraciones y espiraciones profundas observando una pausa entre las dos). Para muchos psiquiatras, un hiperemotivo es alguien que respira mal. Refuerce también su aspecto físico (sáquese el permiso de conducir si no lo tiene, apúntese a un gimnasio); así aumentará su confianza en sí mismo. A continuación, aprenda de nuevo a hablar. Un hiperemotivo es también alguien que se expresa demasiado con el cuerpo y no lo suficiente con las palabras, la interacción y el diálogo. Por ejemplo, el simple hecho de confesar una timidez, una molestia o un malestar reduce mucho nuestras tensiones internas.

- *Mayoría de* ♥

Su debilidad: la ansiedad.

Tiende a preocuparse mucho por todo y por nada. Siempre espera (sin una razón válida) que todo (pareja, trabajo…) le salga mal (lo que Freud llama «la tendencia a la espera de la desgracia»). De ahí surge una gran pusilanimidad ante las personas y los acontecimientos, acompañada a menudo de sentimientos de impotencia y timidez. Tiene miedo de las miradas, de ser juzgado (feo, nulo) y de reaccionar de forma embarazosa (reírse tontamente, contar cualquier cosa, verse paralizado por el nerviosismo...) e incluso humillante (no conseguir hacer algo que hasta un crío de 6 años puede hacer, etc.). Por lo tanto, evita cuidadosamente todas las situaciones susceptibles de angustiarle. Como consecuencia, acostumbra a limitarse a la rutina: actividades repetitivas (tiene miedo de los cambios), pequeño mundo cerrado (temor a los desconocidos) y a menudo se engancha al trabajo (menos riesgos).

Su problema: un «ello» (los impulsos instintivos y sexuales) demasiado fuerte. De ahí el bloqueo de las emociones para «no experimentar sensaciones penosas» (Freud) y la necesidad de estabilidad (ambiente, hábitat, decoración de la casa, entorno laboral...), de hábitos (las mismas cosas de la misma manera), de rituales para tranquilizarse (manías, amuletos, pólizas de seguros, consultas a videntes...), de relaciones rutinarias (amistades antiguas, pequeño círculo de amigos de confianza).

Estrategia de refuerzo: empiece por relajarse. Suprima todos los ansiógenos: alcohol, café, té, tabaco... Al principio relajan, pero con el tiempo agravan la ansiedad. Relájese todas las noches en un baño de agua caliente (el calor libera endorfinas, la hormona del bienestar), vaya a un *spa* una vez por semana, practique yoga o natación para volver a aprender a respirar de forma correcta. A continuación, desensibilícese. Haga una lista de las situaciones que desencadenan su ansiedad y afróntelas de forma sistemática (empezando por la más fácil de la lista) hasta que se sienta a gusto del todo.

- *Mayoría de* ♦

Su debilidad: la indiferencia.

Por un lado es cómodo: usted es bastante insensible a la mirada de los demás (más bien indiferente tanto a las felicitaciones como a las críticas). No se pasa el tiempo dándose importancia ni dando la lata; es considerada una persona discreta y reservada, que no se mete en los asuntos de los demás. Por otra parte, vive bastante aislado, solitario, demasiado retirado de las relaciones afectivas y sociales. Tiende a renunciar en cuanto las cosas parecen complicadas (casi siempre), o bien a mostrarse sumiso (a las personas, a los acontecimientos), y no siempre hace lo que es mejor para usted.

Su problema: un ego débil (autoestima demasiado baja), sentimientos de inferioridad, una comparación negativa con los demás. De ahí la dificultad de las confrontaciones, el miedo a establecer vínculos (de amistad, de amor…), a participar en un grupo, las ganas de desaparecer, de no llamar la atención y, a veces, la resignación al fracaso, a la soledad. Ello se acompaña muchas veces de unos padres poco cariñosos. «Un niño se siente inferior si nota que no es querido…», decía Freud. Otras veces es consecuencia de un grave choque afectivo (ruptura de la que uno no se ha recuperado, pérdida de un ser querido, etc.). También puede ser consecuencia de un desfase social (por ejemplo, hijo de padres pobres insertado en un ambiente de «niños bien»).

Estrategia de refuerzo: halagar el ego. Quererse más, de verdad, no es tan difícil. No consiste en tener cero defectos o en no dar pasos en falso, simplemente se trata de verse como «amable», digno de interés, de estima y de respeto, y en comportarse siempre como tal. Para eso, debe dejar de desvalorizarse de forma sistemática, tanto ante sí mismo (no se compare sin parar) como ante los demás (no atraiga la atención sobre sus defectos y debilidades). Además, céntrese en sus éxitos (todo el mundo los tiene, aunque sean muy pequeños) en lugar de hacerlo en sus fracasos.

El tipo psicosexual

Sexualidad, amor, tendencias... Para los psicoanalistas, todo se establece antes de los 3 años. De niños, todos pasamos por tres fases: *oral* (a los 3-4 meses), *anal* (en torno a 1 año) y luego *genital*, también llamada *fálica* o *clitoridiana* (antes de los 3 años). Cuando en nuestro desarrollo infantil sobreviene un acontecimiento traumatizante —destete demasiado brusco, abandono del pañal excesivamente conflictivo, intensa angustia al descubrir la diferencia entre sexos—, nos bloqueamos. Nos quedamos anclados en una fase concreta y toda nuestra personalidad de adulto acusa su influencia. ¿Cuál es su situación? Responda en tres minutos.

Cuestionario «para mujeres»

1. A veces:
   a. Se vuelve a mirar a un chico sexy.
   b. Sigue a su hombre por la calle.
   c. Pone la mano en las nalgas de un chico.

2. Cuando está enamorada, tiende a:
   a. Llamar varias veces al día.

b. Permanecer horas junto al teléfono.
c. Presentarse sin avisar en plena noche.

3. Cuanto tiene fantasías sexuales, se imagina más bien:
a. Haciendo el amor con varios hombres.
b. Siendo tomada por la fuerza.
c. Haciendo el amor con otra chica.

4. En el restaurante, tiende a:
a. Tener un buen «saque».
b. Comer poco.
c. Abandonar después de tres hojas de lechuga.

5. Cuando lo piensa, su padre:
a. Bien podría demostrarle un poco más de amor.
b. Severo, casi frío.
c. Es un macho puro y duro.

6. Si se siente desanimada:
a. Llama a una amiga a las dos de la mañana para contarle sus penas.
b. Se lanza a hacer una gran limpieza de primavera de su habitación.
c. Desconecta el teléfono y se pone a macerar largo rato en un baño caliente.

7. En sus brazos, su hombre sufre un gatillazo; usted piensa:
a. «Ya no me quiere».
b. «Lo hago mal».
c. «Ya no le excito».

8. Tras una primera y gran noche de sexo, un hombre no vuelve a llamarla; usted entiende:
   a. «Está loco por mí, necesita tiempo para reponerse».
   b. «Ahora que ha conseguido lo que quería...».
   c. «He debido darle miedo».

9. Se enamora locamente de un hombre casado; para romper su matrimonio, usted llegaría a:
   a. Quedarse embarazada sin decírselo.
   b. Arriesgarse a plantearle un ultimátum: «Ella o yo».
   c. Ir a contárselo todo a su mujer.

10. Llaman a su puerta, usted no espera a nadie; se trata de:
    a. Su amado, que viene a hacerle unos mimos por sorpresa.
    b. Su ex, que la acosa.
    c. Otra vez su vecino, porque una vez cometió la tontería de acostarse con él.

11. En un hombre, lo más importante para usted siempre es:
    a. Que sea agradable de mirar.
    b. Que huela bien.
    c. Que tenga la piel suave.

12. En un equipo, usted es más bien la que:
    a. Aporta las ideas.
    b. Encuentra soluciones.
    c. Arrastra a los demás.

13. De niña, para dormirse:
    a. No podía prescindir de su mascota.
    b. Miraba siempre debajo de la cama antes de acostarse.
    c. Necesitaba que le dejasen una luz encendida toda la noche.

14. Un policía la para porque se ha saltado un semáforo en rojo:
    a. Se echa a llorar para ablandarle.
    b. Discute: «No es así, ni siquiera estaba ámbar...».
    c. Intenta seducirle.

15. Cuando le obligan a hacer algo que no tiene ganas de hacer:
    a. Lo hace deprisa y corriendo para librarse de la tarea lo antes posible.
    b. Gana tiempo dejándolo para mañana.
    c. Trata de endosarle la tarea a un tercero para evitarse problemas.

16. En sus relaciones con los hombres:
    a. La han dejado más veces.
    b. Está más o menos empatada en cuanto a rupturas.
    c. Es siempre usted la que ha roto.

17. Desde el punto de vista sexual, se siente a gusto con un hombre:
    a. Desde la primera vez.
    b. Al cabo de algunos meses.
    c. Después de varios días.

18. Los hombres le reprochan a menudo:
    a. Que se queja demasiado.
    b. Que es demasiado posesiva.
    c. Que no es lo bastante tierna.

19. En una cena, se siente a disgusto cuando:
    a. Otra mujer monopoliza la atención.
    b. Le hacen demasiadas preguntas.
    c. Su vecino de mesa come como un cerdo.

20. Después de su última discusión con su pareja:
    a. Le pidió perdón.
    b. Le privó de sexo durante una semana.
    c. Le arrojó una copa de vino a la cara.

Cuestionario «para hombres»

1. Se magulla un músculo la víspera de una competición:
   a. Se retira.
   b. Participa tratando de no agravar su lesión.
   c. Se pone una venda apretada y da el máximo para ganar.

2. Por amor hacia una chica, llegaría a:
   a. Pelearse con sus amigos o sus padres.
   b. Renunciar a su carrera profesional.
   c. Cerrar los ojos ante una infidelidad.

3. Lo que para usted caracteriza a un hombre:
   a. Ser valiente desde el punto de vista físico.

b. Saber controlarse.
   c. Dominar a los demás.

4. En la cama, sufre un gatillazo; usted piensa:
   a. «No pasa nada».
   b. «Es culpa suya».
   c. «Se enfadará conmigo».

5. En caso de desasosiego moral o sentimental, cree que:
   a. Necesita a los demás.
   b. Precisa acción.
   c. Desea estar solo.

6. En sociedad, casi siempre:
   a. Es amable con todo el mundo.
   b. No se siente muy a gusto.
   c. Con frecuencia se muestra agresivo.

7. Reacciona en general:
   a. Más bien deprisa.
   b. Bastante despacio.
   c. A menudo de forma violenta.

8. Tiene el sueño:
   a. Más bien ligero.
   b. Bastante profundo.
   c. Un poco entrecortado.

9. Lo más importante para usted en la vida:
   a. Ser amado.
   b. No tener problemas.
   c. Hacer todo lo que le apetezca.

10. Habla con una voz más bien:
    a. Tranquila, sosegada.
    b. Viva, fuerte.
    c. Contenida.

11. Ha matado a su mujer; trata de salvar su cabeza en el tribunal alegando como argumento de defensa:
    a. El crimen pasional.
    b. El accidente desgraciado.
    c. La irresponsabilidad.

12. El «buen rollito» y los buenos sentimientos, en general:
    a. Incluso en aquellos casos en que se trata de simple hipocresía, siempre son preferibles a la intolerancia.
    b. Depende de quién vengan, serán recibidos de una forma u otra.
    c. Le dan ganas de «vomitar».

13. Después de una copa de más, suele tener cierta tendencia a:
    a. Querer a todo el mundo.
    b. Apiadarse de su suerte.
    c. Volverse agresivo.

14. Cuando se hace mucho daño desde el punto de vista físico, reacciona más bien de la siguiente manera:
    a. Gritando.
    b. Apretando los dientes.
    c. Echándose a reír.

15. Lo peor que puede pasarle:
    a. Ser abandonado por la mujer que ama.
    b. Que le rompan la cara.
    c. Ser humillado en público.

16. Dos hombres peleándose; usted:
    a. Apuesta por el más fuerte.
    b. Se mantiene prudentemente apartado para no salir perjudicado por la trifulca.
    c. Trata de separarlos por las buenas.

17. Cree que su mejor amigo:
    a. Se le parece mucho.
    b. No está disponible siempre.
    c. Es muy distinto de usted.

18. Ante todo le pide a una mujer:
    a. Que se ocupe de usted.
    b. Que sea perfecta.
    c. Que no se pavonee.

19. Su postura favorita para hacer el amor:
    a. Debajo.
    b. Encima.
    c. Detrás.

20. La fantasía sexual que sería más probable que pudiera tener:
    a. Hacer el amor con su pareja y otro hombre.
    b. Hacer el amor con una desconocida.
    c. Tener una experiencia de carácter sadomasoquista.

¿Cómo analizar sus resultados?

Cuente las respuestas a, b y c, y lea el perfil correspondiente. Nuestra personalidad es un cóctel que combina los elementos erótico, obsesivo y narcisista en proporciones variables. Cuanto más domina un valor (a, b o c) sobre los demás, más puro es su tipo.

En cambio, si sus dos valores más fuertes están próximos (menos de tres unidades de diferencia), pertenece a un tipo mixto. En ese caso, lea los dos perfiles correspondientes. Si su número de a, de b y de c es más o menos el mismo (menos de dos o tres unidades de diferencia), significa que franqueó las tres fases de su infancia de forma armoniosa. Es probable que tenga una personalidad muy equilibrada.

- *Mayoría de a*
Es usted erótico/a.

La personalidad erótica

Característica: la oralidad.
Zona erógena: la boca.
Sentido más desarrollado: la visión.
Actividades privilegiadas: hablar, ver.
Instancia dominante: el «ello» (los impulsos instintivos).
Dominante afectiva: la frustración.
Ideal amoroso: el amor-fusión.
Punto fuerte: la atención al otro.
Defecto: la dependencia de los demás.
Tendencias patológicas: neurosis histéricas, depresión.

En general... Fue destetado de forma excesivamente brusca del seno materno, separado demasiado pronto de su mamá, no recibió su ración deseada de biberones diarios, le prohibieron el chupete, le privaron de su pulgar... Resultado: hoy sufre una carencia, muestra una clara tendencia a la insatisfacción crónica. Aunque todo vaya bien —su vida llena de actividades, sus armarios desbordantes de ropa, sus noches de amor—, nunca se siente del todo feliz y contento. Siempre quiere más: más placeres, mimos, salidas, restaurantes, vacaciones, regalos... Hay en usted una especie de bulimia (de amor, de comida, de lectura...) que nada puede colmar, al menos no de forma duradera.

Sintomático: es muy activo con la boca (no solamente desde el punto de vista sexual). Se pasa mucho tiempo picoteando, chupando un lápiz, una botella de agua mineral, fumando, tropezando con las palabras o hablando sin parar.

Con los demás: sólo desea ser amado (ante todo) y amar (después). Un miedo enorme: la pérdida de amor. Más o menos incapaz de estar solo, necesita a los demás en todo momento para que le digan qué hacer o le cojan de la mano.

En sus relaciones personales, se muestra seductor, simpático, a veces demasiado (en los límites de la intimidad) y muy indulgente. Está dispuesto a todos los compromisos, a todas las complacencias (e incluso a algunas bajezas) para llevarse bien con todo el mundo. También es generoso, da mucho de sí mismo y se hace indispensable enseguida, una necesidad de hacer favores que a veces resulta un poco sofocante.

Desde el punto de vista sexual: tiene impulsos y deseos fuertes que le asustan un poco. Entonces los niega o los desplaza a ámbitos menos peligrosos. En usted, lo sexual tiende a invadir lo no sexual. Erotiza mucho sus relaciones cotidianas. Por ejemplo, haciendo fantasear a los hombres (a su jefe, al panadero...) cuando no tiene intención de pasar a la acción. O compensando con la comida, la ropa o la lectura sus posibles frustraciones sexuales o afectivas.

Retratos

Las mujeres «eróticas»
Las mujeres orales son seductoras, simpáticas. A veces demasiado, rozando la intimidad. Hacen fantasear a los hombres, muchas veces sin querer, diciéndoles palabras «cálidas» y se escabullen en el momento X (muchos malentendidos en su vida...). También demasiado generosas: una necesidad de hacerse indispensables que a veces resulta enseguida un poco sofocante. Pesadas, pegajosas (de las que telefonean cinco veces al día una semana después de un encuentro), tienden a precipitar las cosas desde el punto de vista sexual. Y a veces pasan a la acción de forma imprevisible, en condiciones temerarias (a veces son un poco inconscientes con respecto a las enfermedades sexuales) o compensan a menudo con la comida, la ropa o la lectura sus frustraciones sexuales.

Los hombres «eróticos»
Un sentimentalismo a veces excesivo. Tienden a dejarse invadir por sus emociones, a verse afectados por los sentimientos de los demás. Es fácil cogerles cariño. Su corazón tierno está dispuesto a apiadarse de todo y de nada. Muy expresivos, acostumbran a tener reacciones

Continúa

Continuación

exageradas. Enseguida se ven afectados en su humor y su sensibilidad. A veces exhiben una buena seguridad pero en el fondo carecen de confianza en sí mismos. Creen dar mucho pero a menudo se sienten desgarrados por sentimientos de carencia, de envidia y de celos. Con las mujeres, entran fácilmente en relaciones de dependencia de tipo madre-hijo, pero soportan con dificultad esta dependencia (tienen mucho miedo a ser abandonados). Se vengan sufriendo rabietas (como los niños), siendo infieles (crónicos) o mostrándose desconsiderados (de forma sistemática).

- *Mayoría de b*
Es usted obsesivo/a.

La personalidad obsesiva

Característica: *la analidad.*
Zona erógena: *la región anal.*
Sentido más desarrollado: *el olfato.*
Actividades privilegiadas: *oler, escuchar.*
Instancia dominante: *el superego (las prohibiciones inconscientes)*
Dominante afectiva: *la culpabilidad.*
Ideal amoroso: *el amor-pasión.*
Punto fuerte: *la confianza en sí mismo.*
Defecto: *la rigidez (completamente prisionero de sus limitaciones).*
Tendencias patológicas: *neurosis obsesivas.*

En general... Normalmente, al aprender el control de esfínteres (hago/no hago), un niño aprende la alternancia (y el equilibrio) conservar/dar, limitación/placer. En usted, las cosas fueron difíciles. Le pusieron demasiado pronto o demasiado tarde en el orinal. Mamá gritaba mucho porque la cosa duraba demasiado. O bien ponía cara de asco al lavarle las nalgas. Resultado: hoy, para usted, el placer se asocia siempre con sentimientos de culpabilidad. Ha interiorizado mucho los modelos y las prohibiciones familiares, los principios (demasiado estrictos) de su educación, el temor a los castigos. Está dominado «por la angustia moral en lugar de estarlo por la pérdida de amor» (como las personalidades eróticas), decía Freud. En términos de carácter, eso da una dosis elevada de confianza en uno mismo (en apariencia), pero en el fondo provoca problemas morales sofocantes, dudas y vacilaciones.

Con los demás: le cuesta soltarse, sentir confianza. Soporta con dificultad los consejos y las intervenciones. Y de las críticas ni hablamos. Suele estar convencido de que se halla en posesión de la verdad y de que hay una sola manera correcta de hacer las cosas: la suya. Tiene hábitos, métodos y programas; detesta los cambios, improvisaciones y sorpresas. Bastante perfeccionista, trata de hacerlo todo demasiado bien. Descontento de sí mismo, tiende a guardar rencor a los demás, a acusarlos de todos sus problemas. ¿Complicado? Sí, lo es, porque a menudo también pasa de todo a nada: tiene crisis de pasotismo, periodos en los que hace cualquier cosa.

Desde el punto de vista sexual: tiende a ceder a sus impulsos con mala conciencia. Un poco estereotipado en su enfoque del placer, acostumbra a sentirse atraído por el mismo tipo de pareja. Tiene necesidad de rituales y ceremoniales (prolonga los preliminares). Desconfiado, siempre tiene miedo de que le engañen. No tiene nada de «impaciente sexual» (aunque a veces tiene crisis de hipersexualidad). No es de los que multiplican los compañeros (enseguida forma una pareja con aspectos hogareños). En la cama, debe tener el control de la situación. A menudo sufre bloqueos y disgustos insuperables.

Retratos

Las mujeres «obsesivas»
Se muestran muy críticas en sus relaciones amorosas y colocan el listón muy alto; tienen necesidad de rituales, ceremoniales y decoro. Con ellas, nada puede darse nunca por supuesto. Siempre hay algo que falla. Desconfiadas, siempre tienen miedo de que las engañen. Poco expresivas en sus modales y sus afectos, pueden «prestarse», pero raramente se «dan», nunca por completo ni de forma definitiva (un poco sádicas, dan y luego lo recuperan). Y reprochan siempre (de forma más o menos consciente) al otro el placer que les da y el apego que sienten hacia él.

Los hombres «obsesivos»
Les cuesta soltarse, sentir confianza. Suelen estar convencidos de que se hallan en posesión de la verdad y de que hay una sola manera correcta de hacer las cosas: la suya. Tienen hábitos, métodos y programas; detestan las improvisaciones, siempre les cuesta adaptarse. Al tratar de realizar demasiado bien las cosas, a menudo no las hacen (para no ser cogidos en falta) o las hacen mal

Continúa

Continuación

(*en un momento inadecuado o de forma incompleta*). *Descontentos de sí mismos, tienden a guardar rencor a los demás, a acusarlos de todos sus problemas o de sus dificultades.*

- **Mayoría de c**
Es usted narcisista.

La personalidad narcisista

Característica: el falismo.
Zona erógena: la región genital.
Sentido más desarrollado: el tacto.
Actividades privilegiadas: tocar, moverse.
Instancia dominante: el ego (personalidad consciente).
Dominante afectiva: la angustia.
Ideal amoroso: el amor propio.
Punto fuerte: la autonomía.
Defecto: el egoísmo.
Tendencias patológicas: psicosis.

En general... «Tengo un grifo pequeño y él tiene uno grande», se dice una niña al descubrir el pene de su hermanito (o de un compañero). Se pregunta enseguida qué falta ha podido cometer para verse privada de un instrumento tan interesante. Por su parte, un niño piensa: «Tengo una colita y ella no». Y se angustia preguntándose qué falta podría cometer para que se la quitasen. Si los padres no están ahí para tranquilizar y explicar la diferencia entre los sexos, si no lo hacen o lo hacen mal, el niño «se fija» en esa cuestión. La niña desarrolla un complejo de inferioridad («No estoy completa, me falta una cosa para estar a la altura») o, al contrario, de agresividad («¿Por qué los demás la tienen y yo no?, no es justo, ¡yo también quiero una!»). En el niño, el temor a la castración desarrolla, en cambio, un sentimiento de superioridad («Tengo una más grande que las demás») o también de agresividad («Nadie me la quitará nunca»).

Con los demás: con frecuencia, el adulto «narcisista» se siente dominado por la vergüenza o devorado por la ambición. Muy activo, no le falta carácter. Toma iniciativas y reivindica su independencia; impone con facilidad sus ideas y opiniones. Autónomo y difícil de intimidar, a menudo es un apoyo o una referencia para los demás. Pero sus relaciones (de tipo dominante/dominado) se basan casi siempre en la seducción o la agresividad. Las chicas tratan sin cesar de ganar seguridad ante los demás (necesidad de sentirse admiradas y deseadas). Muy preocupadas por su cuerpo, inquietas por su integridad (en ellas, ¡todo el cuerpo se convierte en falo!), en muchos casos le dedican una atención excesiva (cuidados de la piel, cabello, ropa…) y con frecuencia se enganchan a los tratamientos de belleza y a la moda. Por su parte, los chicos necesitan imponerse y se preocupan más de sí mismos que de los demás.

Desde el punto de vista sexual: el narcisista, al idealizar sus deseos, se fija a menudo en otra persona inaccesible. O bien es incapaz de implicarse de forma duradera en una relación única y exclusiva. A los chicos les gustan menos las mujeres que un determinado ideal de mujer. Les gustan en la medida en que son imprescindibles para su ego. En realidad, las desean más que amarlas.

Necesitan seducirlas para mantener su autoestima y demostrarse una virilidad de la que dudan de forma inconsciente. Sin éxitos eróticos, se vienen abajo. Es evidente que ninguna mujer puede satisfacerles por completo. Acostumbran a desinteresarse muy pronto de sus conquistas. Por otra parte, son los primeros en reprocharles a las mujeres todo lo que les hace la competencia: familia, trabajo, amigos/as o deseo de maternidad. Para las chicas, la situación es muy distinta. Desde el punto de vista sexual, hay dos tipos de mujeres narcisistas: la aprisionada y la liberada. La primera rehúye su propia feminidad y a menudo se avergüenza de su propio cuerpo. Para evitar las confrontaciones sexuales, suele situar sus encuentros en un plano intelectual o amistoso, o bien se convence (y a los demás con ella) de que no tiene necesidades sexuales. En cambio, la liberada se excede. Se muestra egoísta y centrada sólo en su placer, y busca de forma inconsciente tomarse la revancha de los hombres. Agresiva, los provoca (sexualmente) en su virilidad y tiende a utilizarlos como objetos.

Retratos

Las mujeres «narcisistas»
Sobrecompensan su falta (imaginaria) de falo de dos formas: o jugando a ser hiperfemeninas (ropa sexy, actitudes provocativas, maquillaje exagerado...) para dominar a los hombres, o implicándose en actividades típicamente masculinas para vencerlos en su propio terreno. De todos modos, van a buscar siempre el falo (el poder, la potencia) donde se halla: en los hombres. Sienten preferencia por los que en apariencia tienen

Continúa

más que los demás (hombres de acción, de poder, deportistas...).

Los hombres «narcisistas»
Piensan «yo, yo, yo» ante todo. Sus relaciones son siempre unilaterales. Exigen (tienden a creer que todo se les debe) y toman mucho, pero dan poco. A menudo también son superficiales: quieren los placeres pero no los problemas. Cuando prestan atención a los demás es porque los necesitan (desde el punto de vista material, sexual...). Lo peor: muchas veces ni siquiera saben que son interesados («¿Egoísta yo? ¡Nunca!»). Y es que necesitan tener y que les devuelvan una buena imagen de sí mismos. Porque, en el fondo, sus sentimientos de superioridad y agresividad son, ante todo, miedo a no ser bastante viriles y potentes, a no realizarse; miedo a no ser amados.

La espiritualidad

«El siglo XXI será espiritual o no será», profetizó Malraux. Los acontecimientos parecen darle la razón. En toda la Tierra, Moisés, Jesús, Mahoma o Buda hacen correr ríos de tinta.

Forma de vida (que da prioridad a las virtudes), arte de sentirse bien con uno mismo y con los demás, la inteligencia espiritual está convirtiéndose en la solución para un planeta mejor. ¿Qué ocurre con su propio CES? Marque, de las afirmaciones siguientes, cada una de las frases con las que esté de acuerdo.

1. Piensa que las personas no cambian.
2. Cree que los objetos inanimados tienen alma.
3. Nunca va de forma espontánea a un lugar de oración (iglesia, templo, sinagoga, mezquita…).
4. Come carne casi a diario.
5. Tarda más de cinco minutos en dormirse.
6. Nunca ha donado sangre.
7. Está convencido de que el Apocalipsis se producirá algún día.
8. A menudo experimenta la sensación de tener la negra.

9. Los chistes sobre las rubias, los judíos o los de Lepe le hacen reír.
10. Para usted, Navidad no es nada más que una ocasión para hacerse regalos.
11. Piensa que la naturaleza humana es esencialmente buena.
12. Cree que las personas que les hablan a sus plantas son ridículas.
13. Está seguro de que estamos solos en el Universo, de que no hay extraterrestres.
14. Prefiere hacer el amor a oscuras.
15. Se entiende mejor con las personas del otro sexo.
16. Está convencido de que alguien le tiene manía en este momento.
17. Nunca da una moneda a un mendigo que tenga problemas con el alcohol.
18. Le dan miedo los gatos.
19. Ha pensado alguna vez que había alguien en su ordenador.
20. Cree en la existencia del diablo.
21. Opina que es más seguro confiar en un animal que en un ser humano.
22. Piensa como Jean-Paul Sartre: «El infierno son los demás».
23. Suele sentirse afectado por personas o situaciones sin relación directa con usted.
24. Se preocupa a menudo al pensar en el futuro.
25. Tiene el servicio de llamada en espera en su teléfono.
26. No le gusta equivocarse.
27. Está a disgusto si no es el centro de atención.
28. No tuvo educación religiosa.

29. Cuando encuentra una araña en su habitación, la mata.
30. Confía en las predicciones de las videntes.
31. Alguna vez ha mentido sólo para herir o hacer sufrir a alguien.
32. Raramente se acuerda de sus sueños.
33. Cuando una vendedora se equivoca al devolverle el cambio, no dice nada si es a favor de usted.
34. Cuando está con amigos, acostumbra a ser usted quien más habla.
35. Evita pasar por debajo de las escaleras.
36. Piensa que todos los políticos son corruptos.
37. Alguna vez ha jugado su fecha de nacimiento a la Primitiva.
38. Le cuesta soportar la soledad, hacer proyectos o cosas solo.
39. Piensa que no hay nada más después de la muerte.
40. Es más bien rencoroso.
41. No tiene ningún confidente (aparte de sus padres o su cónyuge).
42. Alguna vez ha encendido una vela en una iglesia sin echar dinero en el cepillo.
43. Está convencido de que la ciencia podrá demostrar algún día la existencia de Dios.
44. Piensa que toda nuestra vida está muy influida por la Luna.
45. Nunca ha tenido la impresión de estar en presencia de «algo sobrenatural».
46. Lee sólo los artículos científicos y la información práctica en *Muy Interesante*.
47. No cree en la transmisión del pensamiento.

48. Se sacrifica a menudo por personas que no le han pedido nada.
49. Podría dejar a su cónyuge o a sus hijos para ir a prestar ayuda humanitaria en la otra punta del mundo.
50. Nunca ha llevado un diario íntimo.

¿Cómo analizar sus respuestas?

Cuente el número de veces que ha respondido «no» y multiplique por dos: obtendrá su CES (sobre 100).

- *Menos del 30 %*

Su CES: bajo.

No hay duda, usted es materialista (tendencia dura) de los pies a la cabeza. En usted, ante todo habla el cuerpo y los sentidos interpretan sinfonías (con algunos gallos). Se entrega a lo temporal y a los alimentos terrestres, mala suerte para el alma.

Punto fuerte: su «conciencia corporal». Está dotado para hacer y actuar, así como para el placer en todas sus formas (mismo apetito por el lujo, la comodidad, los placeres de la mesa y los del sexo). Por supuesto, como no puede satisfacer todos sus deseos (¿quién puede?), a veces sufre carencias, pero es lo bastante «natural» (y demasiado pragmático) como para sentirse insatisfecho durante mucho tiempo.

Punto débil: la falta de sentido. Tiende a crear su existencia día tras día y avanza a ciegas, poco a poco. No tiene proyecto de vida ni línea de conducta definida. Actúa según la oportunidad, en función de las ocasiones que se presentan. Su búsqueda de la acción, del placer o del «bien material» se parece a veces a una huida hacia delante. Al no tener fe en lo que hace, muchas veces se encuentra falto de valor o de motivación.

- *Del 30 al 55 %*

Su CES: medio.

De niño, era ya de los escépticos; no tenía madera de creyente. No creyó mucho tiempo en los Reyes Magos. Quizá tenía grandes sueños, pero sus decisiones no fueron muy afortunadas. En cualquier caso, hoy en día su nivel de espiritualidad (y de esperanza) es bastante bajo.

Punto fuerte: la ausencia de grandes ilusiones (sobre el mundo, los demás o usted mismo). Construye su existencia sobre lo tangible (como Tomás antes de ser santo, necesita ver para creer). Más pragmático que idealista, da prioridad a la acción, a lo concreto. Sus intereses son estables. Es perseverante (en sus afectos, ideas y proyectos). No es de los que queman hoy lo que adoraron ayer ni de los que se dejan cegar por la pasión (amorosa, intelectual…).

Punto débil: la rutina. Tiende a embotarse en sus pequeños hábitos. Hoy se conforma con pensar en términos de logros, esforzándose por no sentir nostalgia. Por supuesto, raramente tiene malas sorpresas, pero tampoco tiene muchas grandes alegrías. Pasa junto a muchas cosas esenciales por falta de fe (en realidad, a menudo, por resignación).

- *Del 56 al 75 %*

Su CES: elevado.

Prioridad a lo espiritual; se basa más en valores que en criterios materiales en su vida cotidiana. Sin embargo, aunque tenga el alma en el cielo, mantiene los pies sobre la tierra. No tiene madera de fanático, de crédulo ni de gran ingenuo.

Punto fuerte: su realismo. Aunque es capaz de entusiasmarse y asombrarse, no espera a que le saquen las castañas del fuego. Su estilo es más «A Dios rogando y con el mazo dando». Cree en los milagros y en los flechazos, pero no está dispuesto a tragárselo todo. Tanto si se trata de sus sentidos como de ideas o sentimientos, no suele dejarse atrapar por las trampas de las apariencias. No es cuestión de construir sobre arena.

Punto débil: un exceso de lucidez. Al mostrarse casi siempre razonable, limita de forma automática los riesgos de fracaso o decepción, así como las ocasiones de sufrir, pero también se mantiene alejado de sus posibilidades reales (puede hacer las cosas mejor). Y a veces pasa junto a ciertas personas o cosas (no ha creído en ellas de verdad o no lo suficiente). Piensa a veces que su vida es un poco monótona y se arrepiente de ello.

- *Más del 75 %*

Su CES: muy elevado.

No hay duda, en usted lo espiritual domina (muchas veces demasiado) sobre lo material. ¿Se debe a una inclinación del alma o es el resultado de una educación religiosa? En cualquier caso, hoy está mucho más cerca del ángel que de la bestia.

Punto fuerte: la inocencia. En usted no hay cinismo ni hastío, del tipo «A mí no me la juegan» o «Estoy de vuelta de todo». La edad y la experiencia no han mermado su frescura y conserva un alma de niño: puede sorprenderse y asombrarse como el primer día. Tanto si cree en el cielo como si no, es de todos modos un ser de fe y de compromiso. Funciona basándose en la confianza, en la esperanza (en la humanidad, en los demás, en usted mismo…) y en la íntima convicción. Es capaz de mover montañas cuando está motivado.

Punto débil: la credulidad. Su inocencia es a veces irreflexión; sus impulsos de confianza, una falta de juicio. Dado que la fe cumple en usted una función dominante, cree demasiado en los milagros y tiende a subestimar los obstáculos (idealizando en exceso, forjándose ilusiones). Al no ver el mal, no respeta las señales de alerta. A menudo le toman el pelo en lo afectivo (su corazón tierno está dispuesto a apiadarse por todo y por nada). Después, se siente decepcionado con frecuencia.

¿Cómo mejorar su CES?

La gran revolución del siglo XXI es la revancha de lo espiritual sobre lo material. Hoy la inteligencia espiritual es la clave del futuro. ¿Cómo mejorarla? Adoptando buenas «actitudes»:

• Acéptese tal como es. Es más fácil liberarse de los defectos y debilidades cuando uno no se condena.

• Muéstrese indulgente consigo mismo. Tal vez no sea perfecto, pero sólo se tiene a sí mismo.

• No se compare sin cesar. Eso crea problemas. «Peor»: siente vergüenza o envidia; «mejor»: peca por orgullo.

• Tome cada problema como una oportunidad. Todo lo que en principio parece negativo puede servirle para aprender, crecer y reforzarse.

Continúa

Continuación

- *Sea tolerante. Evite tener ideas preconcebidas (sobre los demás y los acontecimientos), olvide sus prejuicios (tanto el eje del Mal como el del Bien) y observe por sí mismo.*
- *Actúe con sencillez. No necesita racionalizarlo y calcularlo todo. Confíe más bien en su sensibilidad e intuición.*
- *No espere nada. Actúe y tome iniciativas, pero no se preocupe de los resultados o de ser juzgado. Las cosas se hacen mejor cuando no se tiene miedo del fracaso ni del éxito.*
- *No fuerce nada. Lo importante es ser constante y regular en los propios actos. Cuando uno lucha por conseguir algo (o a alguien), tiene que combatir por conservarlo.*
- *Tómese su tiempo. Todo lo que tiene verdadero valor requiere tiempo para su realización.*

El signo astrológico

Desde (casi) siempre, los signos astrológicos están asociados con características particulares. Y, aunque no se crea en la astrología, es obligado constatar que las personas nacidas bajo un mismo signo astrológico tienen con frecuencia puntos en común. A continuación, un pequeño resumen de cada signo.

Aries
(21 de marzo-20 de abril)

> *Celebridades Aries*
>
> *Santa Teresa de Jesús, Miguel Bosé, Joan Miró, Luis Miguel, Jessica Lange, Emilio Aragón, Mercedes Milá, Elton John, Mario Vargas Llosa, Jack Nicholson...*

Características básicas

Género: masculino.
Elemento: Fuego.

Cualidad: cardinal.

Planeta: Marte (acción, combate, dominación). Fascinación por el mundo de los hombres (artes marciales, moto, rugby...), atracción hacia las emociones fuertes, lo cuadrado, lo salado...

Planeta en exilio: Venus (amor, armonía, docilidad). Desconfianza hacia lo femenino (cocina, maternidad, tareas domésticas, decoración, moda...), hacia los sentimientos tibios, rechazo de lo blando, de la debilidad, de lo sofisticado...

Cualidades: enérgico, valiente, líder, espontáneo, luchador, optimista, franco y directo.

Defectos: brusco, inestable, ciclotímico, tragón, bobo, inoportuno y destructor.

Psicopatología: personalidad *borderline* (límite).

Desviaciones: brutalidad, peleas, golpes y heridas, riesgos, accidentes, prisión, insultos a la autoridad, comportamientos de automutilación o suicidas, crímenes pasionales...

Enfermedades: infartos, enfermedades del intestino grueso, cirrosis, diabetes, bronquitis, cáncer de mama, etc.

El cuerpo

Morfotipo: «endomorfo muscular»; cuerpo metido en carnes (predominio de las formas redondas), de complexión robusta (huesos grandes), pero musculoso, tonificado. Parte superior e inferior desarrolladas por igual, carnosas. Predominio de los sistemas muscular, hepático y biliar. Necesidad de deporte y de sexo regulares; de lo contrario, se autointoxica.

Carácter: ciclotímico (cambios periódicos de humor y de sentimientos).

La psicología

Seguramente, el signo del Zodiaco más dinámico. Necesita actuar sin cesar (trabajar, estar ocupado, hacer deporte...). Por un lado, es positivo: siempre se muestra dispuesto, entusiasta y emprendedor. Por el otro, a veces resulta bastante estresante para los demás. Funciona demasiado en la urgencia, fiándose sobre todo de sus reflejos (para adaptarse) y de la inspiración del momento. Seguro de sí mismo desde el punto de vista social, no duda de nada y tiene la sensación de que todo es posible. Además, no contempla los obstáculos. Por ello, a menudo logra el éxito donde otros ni siquiera se atreverían a intentarlo. Consigue muchas cosas con descaro, imponiéndose. Pero también tiende a dispersarse.

Las ventajas

La energía: es capaz de trabajar mucho y durante mucho tiempo. La toma de iniciativas: su jefe no necesita llevarlo todo el tiempo de la mano. El descaro («Quiero y, por lo tanto, puedo»): al no ver los obstáculos, muchas veces logra el éxito donde otros ni siquiera se atreverían a intentarlo. El entusiasmo: trabaja más bien con alegría y buen humor.

Las desventajas

La falta de espíritu de equipo: va demasiado a la suya y a veces se mete en el terreno de los demás. Los ataques de cólera: a menudo tiene conflictos con sus superiores. El exceso de franqueza: acostumbra a hablar sin reflexionar, y eso causa problemas. La impulsividad: actúa a menudo sin pensar ni conocer todos los datos del problema.

Tauro
(21 de abril-21 de mayo)

Celebridades Tauro

Nicole Kidman, Imanol Arias, Audrey Hepburn, George Clooney, Isabel II (reina de Inglaterra), Tita Cervera, Penélope Cruz, Jessica Alba, Enrique Iglesias, Lauren Bacall...

CARACTERÍSTICAS BÁSICAS

Género: femenino.
Elemento: Tierra.
Cualidad: fijo.
Planeta: Venus (afectividad, voluptuosidad, amabilidad). Especial atracción hacia la comodidad, el decoro y la buena vida, fascinación por el campo, el dinero, los placeres de la mesa (buenas comidas, compañía), la ecología...
Planeta en exilio: Plutón (repulsión, ascesis, insensibilidad). Miedo de los replanteamientos, de los cambios (tradiciones, hábitos, estilo de vida...), de las revoluciones, de sufrir carencias (de afecto, de dinero...), de los sarcasmos, del metro, de los túneles, de los aparcamientos subterráneos...

Cualidades: sensual, sentimental, afectuoso, hogareño, prudente y atractivo.
Defectos: egoísta, vanidoso, posesivo, pesado, obstinado, obsesivo, celoso, envidioso e hipersusceptible.
Psicopatología: personalidad pasivo-agresiva.
Desviaciones: sabotaje, desvío de fondos, delito de fuga, bulimia, delirio de celos, alcoholismo, accidentes de tráfico, suicidio…
Enfermedades: embolia pulmonar, enfermedades de los riñones y la vejiga, tuberculosis, cáncer de estómago, etcétera.

El cuerpo

Morfotipo: «mesomorfo cerebral»; cuerpo un poco pesado, de complexión robusta, formas (pechos, nalgas, muslos) opulentas, pero huesos finos (miembros, ligamentos). Suele adoptar posturas, actitudes y movimientos firmes y controlados. Predominio del sistema nervioso. Tiene una gran necesidad de actividad física para evitar el posible estrés que pueda padecer (insomnio, espasmofilia, etc.).
Carácter: catatímico (sensorial, introvertido, cambios de humor).

La psicología

El signo más reflexivo: nunca se compromete a la ligera, sopesa siempre todos los pros y los contras antes de decidirse.

Esta lentitud le perjudica a veces, ya que deja escapar oportunidades favorables (no aprovecha la ocasión, está desarmado ante situaciones de urgencia, etc.), pero en conjunto es más bien positiva.

Con frecuencia también se muestra hostil de forma espontánea (puede predisponerse en contra, cerrarse) a todo lo que viene a perturbar sus costumbres, su comodidad, su programa.

Los pequeños cambios le horrorizan; los grandes le causan algo de pánico.

Es posible que, en casos extremos, aparezca la obsesión (se obstina en el error, tiene ideas fijas, ve sólo lo que quiere, etc.).

Las ventajas

El espíritu de equipo: sabe buscar el consenso y conciliar los intereses de todo el mundo.

La coherencia: antes de actuar piensa en el alcance de sus actos y en sus consecuencias prácticas.

La perseverancia: cuando le fijan una tarea, una misión o un objetivo, hace todo lo que sea necesario para lograrlo.

Las desventajas

La dificultad para replantearse su actitud: se toma bastante mal las sugerencias que puedan hacerle para aumentar su productividad.

La falta de adaptación: tiende a encajar mal los cambios de ambiente, de puesto de trabajo, de método o de jefe.

La pasividad: es demasiado «borrego» y no toma bastantes iniciativas en su trabajo.

Géminis
(21 de mayo-21 de junio)

> *Celebridades Géminis*
>
> Marylin Monroe, Angelina Jolie, Ana Belén, Cristina de Borbón, Johnny Deep, Clint Eastwood, J. F. Kennedy, Rafael Nadal, David Bisbal, Paulina Rubio...

CARACTERÍSTICAS BÁSICAS

Género: masculino.
Elemento: Aire.
Cualidad: mutable.
Planeta: Mercurio (movilidad, intercambios, reflexión). Atracción hacia las cifras (contar, calcular) y las letras (leer, escribir, traducir), la charla (hablar, interpretar), los juegos, los *gadgets*, el pequeño comercio, la publicidad, las salidas, el dibujo, la ironía, la burla...
Planeta en exilio: Júpiter (razón, expansión, orden, autoridad). Miedo al compromiso, al matrimonio, a las responsabilidades, al conformismo, a los buenos sentimientos, falta de apetitos, de glotonería, de ambiciones, de generosidad, de filantropía...
Cualidades: vivo, ingenioso, curioso, juguetón, comunicativo y adaptable.
Defectos: irresponsable, oportunista, inconstante, infiel, caprichoso, imprudente y poco fiable.
Psicopatología: personalidad antisocial.
Desviaciones: fugas, mentiras, atracos, estafas, robos, peleas, falsificación de documentos, abuso de confian-

za, destrucción de bienes, incendios voluntarios, suicidio...
Enfermedades: infarto, cáncer de útero, enfermedades del intestino grueso, cáncer de mama, enfermedades de los riñones y de la vejiga, etc.

El cuerpo

Morfotipo: «ectomorfo respiratorio»; cuerpo longilíneo, estrecho, poco carnoso, esqueleto fino, frágil, extremidades delgadas y finas. Posturas, actitudes y movimientos contenidos o, al contrario, agitación. Predominio de los sistemas cardiopulmonar y sanguíneo. Necesidad de movimiento y de vida al aire libre.
Carácter: esquizotímico (sensibilidad viva bastante superficial, necesidad de contacto, de intercambios).

La psicología

El signo más vivo. Reacciona enseguida (buenos reflejos, don de la oportunidad, facilidad de réplica...). Consecuencia: se adapta muy bien (a todos los ambientes, en función de la persona que tiene enfrente). Le encanta hablar y discutir. Tiene el contacto fácil y nunca le faltan argumentos para seducir o convencer. Es inteligente y está dotado para jugar con las palabras y las ideas. Es curioso y metomentodo. Siempre está disponible para vivir nuevas experiencias (a menudo se comporta como un «culo de mal asiento»). Desde el punto de vista mental, siempre se muestra abierto (opiniones, ideas, teorías, métodos...). La otra cara de la moneda es que resulta un poco inestable; cambia mucho de opinión, proyecto y dirección.

Las ventajas

La movilidad: se adapta sin problemas a los cambios y sabe hacer frente a los imprevistos con total facilidad.
El ingenio: sabe utilizar su imaginación para resolver los problemas.
La adecuada comprensión de las situaciones: asimila muy deprisa los datos y entiende muy rápido lo que está en juego.

Las desventajas

La falta de perseverancia: renuncia con facilidad cuando se requiere más trabajo o más esfuerzos de lo previsto inicialmente.
El oportunismo: con demasiada frecuencia sitúa sus intereses personales por delante de los del grupo o de la empresa.
El diletantismo: tiende a ir a lo más fácil y, por lo tanto, a hacer las cosas deprisa y corriendo.

Cáncer
(22 de junio-22 de julio)

Celebridades Cáncer

Miguel Induráin, Chayanne, Isabelle Adjani, Chenoa, Diana de Gales, Juan Luis Guerra, Tom Cruise, Sylvester Stallone, Harrison Ford, Zinedine Zidane, Meryl Streep, George W. Bush...

Características básicas

Género: femenino.
Elemento: Agua.
Cualidad: cardinal.
Planeta: Luna (sensibilidad, imaginación, atracción hacia la intimidad). Gusto por lo novelesco, el sueño, el pasado, la historia, el cine, los libros de arte y de cocina, deseo de estar en casa, de tranquilidad, de hijos, de mermeladas...
Planeta en exilio: Saturno (introversión, abstracción, disciplina). Pusilanimidad, repugnancia al esfuerzo, a la renuncia (material), al sacrificio (moral), horror al vacío (montaña, avión, aparcamientos, desiertos, cementerios...), a las separaciones...
Cualidades: intuitivo, soñador, paciente, maternal, romántico y dulce.
Defectos: hiperemotivo, tímido, miedoso, egoísta, protestón y de mala fe.
Psicopatología: personalidad evitadora.
Desviaciones: epilepsia, agorafobia, desvío de fondos, falsificación y uso de documentos falsificados, encubrimiento, robo de coches, delito de fuga, venta de drogas, suicidio...
Enfermedades: infarto, cáncer de útero, asma, tuberculosis, enfermedades cerebrales, del intestino grueso, etcétera.

El cuerpo

Morfotipo: «ectomorfo digestivo»; cuerpo más bien longilíneo, pero formas mucho más redondas en la parte inferior (vientre, nalgas, caderas). Esqueleto y ligamentos finos, pero brazos y piernas bastante regordetes. Posturas, actitudes y gestos contenidos o, al contrario, descuidados. Predominio de los sistemas digestivo y linfático: escasa actividad motora, indolencia (de lo contrario, somatiza todo lo que tiene alrededor).

Carácter: esquizotímico (sensibilidad viva, receptividad, emociones débiles pero duraderas, pasividad).

La psicología

Es el signo que seguramente tiene más sentido de la intimidad, como los gatos, en cierto modo. Por otra parte, como ellos, en caso de problemas necesita aislarse para reencontrarse y recuperar su integridad física y mental. Más enamorado de su comodidad que del esfuerzo, se cansa pronto físicamente, resiste mal el estrés y renuncia deprisa cuando es demasiado complicado. Pero por suerte, su falta de combatividad se ve compensada por un aspecto muy atractivo. En general, consigue lo que quiere. También es muy introvertido; no muestra con facilidad sus sentimientos. Pero, por otra parte, es capaz de entusiasmarse con rapidez y a menudo está dispuesto a vivir nuevas experiencias.

Las ventajas

La intuición: está dotado para sintetizar los datos de una situación o un problema y proponer soluciones concretas. La aplicación: cuando le dan algo que hacer, lo hace bien, aunque tenga que sacrificar un poco de su tiempo personal. El instinto: sabe de forma instintiva lo que hay que hacer para llevarse bien con todo el mundo.

LAS DESVENTAJAS

La pereza: no es un gran trabajador (se cansa pronto) y resulta más bien inconstante en sus esfuerzos (y sus resultados). La pusilanimidad: en un grupo, tiende a tener un perfil demasiado bajo, a hacerse olvidar. La fragilidad emocional: le cuesta seguir siendo eficaz cuando hay demasiada presión o después de un fracaso.

Leo
(23 de julio-23 de agosto)

Celebridades Leo

José Luis Rodríguez Zapatero, Fernando Alonso, Fidel Castro, Madonna, Coco Chanel, Mick Jagger, Arnold Schwarzenegger, Robert De Niro, Robert Redford, Antonio Banderas, Cantinflas...

CARACTERÍSTICAS BÁSICAS

Género: masculino.
Elemento: Fuego.
Cualidad: fijo.
Planeta: Sol (vitalidad, conciencia, sociabilidad). Atracción hacia la exhibición, la fiesta, los fastos, el lujo (joyas, moda, decoración), la cultura (teatro, ópera), el arte (pintura, escultura, fotografía), el barroco, la fascinación por el poder, la autoridad, el prestigio, los honores...

Planeta en exilio: Urano (individualismo, racionalidad, comunicación). Desconfianza hacia las máquinas, lo irracional, la biotecnología, lo no ortodoxo (ideas vanguardistas, prácticas sexuales distintas…), aversión hacia el escándalo, el ridículo, la violencia y los rascacielos.

Cualidades: cálido, sociable, generoso, creativo, orgulloso y lúcido.

Defectos: egocéntrico, orgulloso, autoritario, derrochador, megalómano y vanidoso.

Psicopatología: personalidad histriónica.

Desviaciones: delirios de grandeza, erotomanía, ninfomanía, comportamientos histéricos, fanatismo, encubrimiento…

Enfermedades: enfermedades cerebrales, cáncer de pulmón, infarto, diabetes, asma, etc.

El cuerpo

Morfotipo: «mesomorfo muscular»; cuerpo de complexión robusta, carnoso, partes superior e inferior equilibradas, esqueleto fuerte, extremidades largas y bastante musculosas. Posturas, actitudes y movimientos enérgicos. Predominio de los sistemas muscular, hepático y biliar. Necesidad de deporte y de sexo regulares; de lo contrario se autointoxica.

Carácter: catatímico (sensorial, crisis pasajeras de humor, alternancia de acción y depresión).

La psicología

Es el signo más orgulloso. Tiene una opinión muy elevada de su valor personal. Por un lado, es positivo: tiene mucha confianza en sí mismo; por el otro, a veces está demasiado seguro de sí, y ello puede ser percibido por los demás como desprecio.

De naturaleza optimista, tiene confianza en sí mismo y en el futuro, y aunque a veces se deprime (suele hacerlo en caso de fracaso), esta situación nunca dura mucho.

Un poco egocéntrico, a menudo le cuesta ponerse en el lugar de los demás, no sabe escuchar y, sin duda, no es muy psicólogo.

Tiende a imaginar que todo el mundo funciona igual que él y muchas veces se sorprende cuando los demás no se muestran de acuerdo con sus formas de pensar o de actuar.

LAS VENTAJAS

El optimismo: sabe mantenerse positivo en todas las circunstancias, pensar en términos de soluciones más que de problemas.

El carisma: se impone con facilidad en un equipo (tomando iniciativas, aportando ideas).

La lealtad: cumple sus compromisos y promesas.

LAS DESVENTAJAS

El individualismo: le cuesta bastante acomodarse a los rituales del grupo, adaptar su ritmo de trabajo al de los demás.

El autoritarismo: no soporta la contradicción y tiende a obrar a su antojo. El exceso de ambición: con frecuencia se plantea objetivos demasiado elevados, que resultan poco realistas.

Virgo
(23 de agosto-22 de septiembre)

> *Celebridades Virgo*
>
> Gwyneth Paltrow, Agatha Christie, Greta Garbo, Sophia Loren, Sean Connery, Richard Gere, Ronaldo, Jorge Luis Borges, Letizia Ortiz, Karlos Arguiñano...

CARACTERÍSTICAS BÁSICAS

Género: femenino.
Elemento: Tierra.
Cualidad: mutable.
Planeta: Mercurio (racionalidad, discernimiento, escepticismo). Fascinación por los detalles, normas, inventarios, listas, folletos e instrucciones, la lógica, el márquetin, gusto por los estudios, el trabajo, la enseñanza, la distribución, las cajas, los arreglos...
Planeta en exilio: Neptuno (receptividad, empatía, fe). Desconfianza hacia lo religioso y lo desconocido (el extranjero, lo insólito, lo raro, lo inexplicable...), asco de lo sucio, de lo que hormiguea (larvas, ácaros, microbios, muchedumbres...).
Cualidades: púdico, reflexivo, pragmático, organizado, servicial y recto.
Defectos: perfeccionista, frío, hipocondriaco, ansioso, intolerante, maniático y puntilloso.
Psicopatología: personalidad obsesivo-compulsiva.
Desviaciones: robo, falsificación de documentos, chantaje, accidentes de tráfico, delirio maniaco, anorexia...

Enfermedades: enfermedades cerebrales, cirrosis, embolia pulmonar, cáncer de estómago, neumonía, enfermedades del intestino grueso, de los riñones y de la vejiga, etc.

El cuerpo

Morfotipo: «endomorfo cerebral»; formas redondas, aunque poco carnosas, estructura longilínea y esqueleto menudo, cabeza y tronco triangulares, extremidades delgadas y ligamentos finos. Posturas, actitudes y movimientos controlados. Predominio del sistema nervioso. Necesidad de actividad física para evitar el estrés (insomnio, espasmofilia, etc.).
    Carácter: ciclotímico (cambios periódicos de humor y de sentimientos).

La psicología

Seguramente, el signo más prudente. No le gusta asumir riesgos. Necesita amar, actuar en terreno conocido y utilizar medios comprobados, sin sorpresas. Confía más en su razón y en su experiencia que en su instinto o su intuición.
    Perfeccionista, es una persona que siempre trata de mejorar las cosas (es servicial, ingenioso…). Evidentemente, tiene los defectos de sus cualidades: eficaz, riguroso y metódico, también es un poco prosaico (lo ve todo a escala muy pequeña, se muestra poco abierto a la fantasía…) y a menudo está convencido de tener siempre la razón.
    Por lo tanto, a veces resulta extremadamente difícil discutir con un virgo.

LAS VENTAJAS

La organización: sabe poner orden en sus ideas y en su vida, elaborar un plan de trabajo y atenerse a él.

La preocupación por el detalle: es muy metódico y minucioso en su trabajo.

El carácter servicial: es capaz de situar las necesidades del grupo o las exigencias de los demás por delante de sus intereses personales.

LAS DESVENTAJAS

El carácter puntilloso: tiende a ser muy rutinario y a protestar cuando le piden que piense de forma diferente o que haga cosas nuevas.

La ansiedad: suele dramatizar los problemas y las dificultades (por lo tanto, se comporta como un aguafiestas).

El perfeccionismo: puede perderse en detalles y olvidar el objetivo que le han fijado (y por lo tanto, no respetar los plazos).

Libra
(23 de septiembre-22 de octubre)

Celebridades Libra

Catherine Deneuve, Rita Hayworth, Michael Douglas, Miguel de Cervantes, Julio Iglesias, Rocío Dúrcal, Pedro Almodóvar, Antonio Gala, Iñaki Gabilondo...

Características básicas

Género: masculino.
Elemento: Aire.
Cualidad: cardinal.
Planeta: Venus (atracción, entendimiento, placer). Fascinación por el matrimonio, la moda, el arte (música, joyas), las aficiones, las distracciones, gusto por la belleza, lo sofisticado, lo refinado, lo suave, lo civilizado...

Planeta en exilio: Marte (conquista, conflicto, esfuerzo). Desconfianza hacia lo masculino (deporte, política, trabajo) y las máquinas (motos, automóviles), aversión por la agresividad, la brutalidad, las discusiones, la violencia, la grosería...

Cualidades: seductor, sensible, sociable, artista, diplomático y sutil.

Defectos: quejica, indeciso, infiel, obsequioso, manipulador, frío, despiadado y mitómano.

Psicopatología: personalidad dependiente.

Desviaciones: robo, desvío de fondos, falsos testimonios, difamación, dopaje, consumo de drogas, erotomanía...

Enfermedades: enfermedades cerebrales, cáncer de pulmón, cáncer de mama, gripe, enfermedades de los riñones y de la vejiga, embolia pulmonar, etc.

El cuerpo

Morfotipo: «endomorfo respiratorio», cuerpo esbelto pero carnoso, formas redondas, más desarrolladas en la parte superior: hombros, pecho opulento, extremidades redondas pero delgadas, ligamentos finos. Posturas, actitudes y movimientos relajados. Predominio de los siste-

mas cardiopulmonar y sanguíneo. Necesidad de movimiento, de vida al aire libre.
Carácter: ciclotímico (cambios periódicos de humor y sentimientos).

La psicología

Seguramente, el signo más seductor. La sensibilidad hacia el otro cumple una función esencial. Tiene un enfoque subjetivo e intuitivo de las personas y situaciones. Es capaz de ponerse en el lugar de los demás y de vibrar en armonía con sus sentimientos. Raramente se muestra indiferente a sus problemas. La otra cara de la moneda es que se siente muy a disgusto en las situaciones conflictivas. Hace cualquier cosa por evitarlas, aunque tenga que escabullirse o pasar por débil. También es un gran indeciso: pera o pastel, vaqueros o esmoquin, Mac o PC, Sofía o Carolina, casi siempre le cuesta muchísimo decidirse. Y nunca está seguro de haber elegido bien.

Las ventajas

La disponibilidad: es capaz de dar mucho de sí mismo (tiempo, energía, agenda de direcciones…) a su jefe o a su equipo. El entusiasmo: se motiva con facilidad cuando le dan algo interesante que hacer. El sentido del contacto: tiene facilidades para impresionar de forma favorable a los demás y conseguir lo que quiere.

Las desventajas

La vacilación: situado ante una elección, decide demasiado deprisa o despacio, lo que da lugar a numerosos errores. La falta de puntualidad: con frecuencia tiene dificultades para llegar puntual a las citas, así como cumplir los plazos de entrega de los trabajos.

La falta de concentración: se distrae con facilidad en su trabajo y esto tiene como consecuencia que «olvida» a menudo sus obligaciones.

Escorpio
(23 de octubre-22 de noviembre)

Celebridades Escorpio

Calista Flockhart, Demi Moore, Pablo Picasso, Katharine Hepburn, Grace Kelly, Alain Delon, Leonardo DiCaprio, Sofía de Grecia, Rosario Flores, Diego Armando Maradona, Baltasar Garzón, Carlos de Inglaterra...

Características básicas

Género: femenino.
Elemento: Agua.
Cualidad: fijo.
Planeta: Plutón (fuerza, intransigencia, determinación). Fascinación por el sexo, la muerte, lo oculto, las crisis, las perversiones, atracción hacia lo negro (noche, color, humor...), lo feo, la violencia, las armas, las artes marciales, el psicoanálisis, los Ángeles del Infierno, lo gótico, la pornografía...
Planeta en exilio: Venus (elegancia, tolerancia, apatía). Desconfianza hacia la felicidad, el placer, la alegría

y las emociones, aversión por el sentimentalismo rosa, las fiestas, los escaparates, la gastronomía, la piedad…

Cualidades: instintivo, apasionado, entero, decidido, misterioso y estoico.

Defectos: destructor, masoquista y paranoico.

Psicopatología: personalidad sádica.

Desviaciones: hostilidad, violencia, robo, consumo de drogas, malos tratos, crueldad mental, tortura, asesinato con premeditación…

Enfermedades: cáncer de estómago, neumonía, enfermedades de los riñones y la vejiga, cáncer de útero, enfermedades cerebrales, etc.

El cuerpo

Morfotipo: «mesomorfo digestivo», cuerpo musculoso, más desarrollado en la parte inferior (caderas, nalgas, muslos fuertes, carnosos). Esqueleto, extremidades y ligamentos gruesos. Posturas, actitudes y gestos enérgicos. Predominio de los sistemas digestivo y linfático: escasa actividad motora, indolencia (de lo contrario somatiza los problemas).

Carácter: catatímico (sensorial, introvertido, cambios de humor).

La psicología

Seguramente, el signo más excesivo. Nunca hace las cosas a medias y a veces llega muy lejos (e incluso demasiado, hasta el punto de no retorno). En el fondo, muchas veces necesita asustarse un poco para sentir que existe plenamente. También un poco atormentado, no es la clase de persona que puede conformarse con vivir una vida feliz y próspera.

Más bien es un eterno insatisfecho, por lo que se replantea las cosas de forma sistemática, y a veces sus impulsos destructivos le dominan.

Sufre las ansias de la duda (angustias metafísicas, existenciales) y de la pasión (culpabilidad, celos enfermizos), y lo dramatiza todo (problemas, relaciones, sexualidad...).

LAS VENTAJAS

La perspicacia: está dotado para analizar y desmenuzar todos los datos de una situación o un problema.

La determinación: no se deja desanimar por las dificultades (¡muy al contrario, estas le pueden servir de acicate!).

La resistencia al estrés: es capaz de trabajar bajo presión y en un ambiente «hostil», y se recupera con bastante facilidad después de un fracaso.

LAS DESVENTAJAS

El individualismo: tiende a arrimar el ascua a su sardina de forma sistemática en caso de éxito y a hacer que la responsabilidad de los fracasos recaiga en los demás y no en él.

La tozudez: con frecuencia se obstina en sus errores (en lugar de reconocer sencillamente que está equivocado).

La paranoia: no confía lo suficiente en los demás y enseguida se siente perseguido en caso de problemas en el grupo.

Sagitario
(23 de noviembre-21 de diciembre)

> ### Celebridades Sagitario
> *Elena de Borbón, Concha Velasco, Bertín Osborne, Alejandro Sanz, Ricardo Montalbán, Tina Turner, Steven Spielberg, Brad Pitt, Woody Allen...*

CARACTERÍSTICAS BÁSICAS

Género: masculino.
Elemento: Fuego.
Cualidad: mutable.
Planeta: Júpiter (autoridad, benevolencia, optimismo).
Fascinación por la aventura, los viajes, los lugares lejanos, el extranjero, atracción hacia la comodidad, la ley, los beneficios materiales, la cocina, las buenas obras (filantrópicas, sociales, humanitarias...).
Planeta en exilio: Mercurio (lo cercano, lo inmediato, lo inestable).
Desconfianza hacia los hermanos, hermanas, vecinos, colegas y colaboradores, aversión por la ironía, la descortesía, el chismorreo, el nomadismo, la farsa, los *gadgets*, la bisutería...
Cualidades: comunicativo, independiente, optimista, entusiasta, honrado, leal y conquistador.
Defectos: exhibicionista, desdeñoso, autoritario, conformista, hipócrita, fanfarrón e inoportuno.
Psicopatología: personalidad narcisista.

Desviaciones: robo de coches, abuso de confianza y de bienes sociales, estafa, amenazas, consumo de drogas, accidentes...

Enfermedades: enfermedades cerebrales, diabetes, neumonía, gripe, cáncer de pulmón, embolia pulmonar, etcétera.

El cuerpo

Morfotipo: «ectomorfo cerebral»; cuerpo longilíneo, pero de complexión robusta; pecho y caderas fuertes, extremidades musculosas y carnosas, en especial los muslos. Posturas, actitudes y gestos contenidos o, al contrario, descuidados. Predominio de los sistemas muscular, hepático y biliar. Necesidad de deporte y de sexo regulares; de lo contrario, se autointoxica.

Carácter: esquizotímico (sensibilidad viva bastante superficial, necesidad de contacto e intercambios).

La psicología

Seguramente, el signo más optimista. Se le puede acusar de todo, salvo de mala voluntad o falta de entusiasmo. Es emprendedor, partidario de la expansión, del crecimiento y de la prosperidad en todos los ámbitos. Pocos tiempos muertos en su vida (no soporta la inactividad); trama sin cesar mil proyectos, está dispuesto a aceptar todos los retos y a jugar cualquier apuesta para mejorar su suerte (es materialista) o la de la humanidad (es un filántropo). Es también muy honrado. Por supuesto, puede fanfarronear y mostrarse hipócrita, pero en lo fundamental es una persona muy respetuosa con los demás (esencial para construir el mundo civilizado que imagina).

LAS VENTAJAS

La confianza (en sí mismo y en el futuro): se siente estimulado por la competición y los retos. La fiabilidad: tiene sentido del deber y de las obligaciones (hacia los demás, hacia la empresa), es «legal» con su jefe y las personas que trabajan en su entorno. La calma: no le entra el pánico en la tempestad, en caso de crisis o conflicto.

LAS DESVENTAJAS

La falta de sentido práctico: tiene facilidad para jugar con las ideas y teorías, pero le cuesta más lo concreto. El aspecto «jefe»: aporta ideas y luego deja que los demás se las arreglen con la intendencia y los detalles. El exceso de optimismo: piensa demasiado a menudo que las cosas y los problemas con las personas van a arreglarse por sí solos.

Capricornio
(22 de diciembre-20 de enero)

Celebridades Capricornio

Juan Carlos I de España, Fernando Trueba, Joan Manuel Serrat, Ricky Martin, Paz Vega, Michael Schumacher, Kevin Costner, Marlene Dietrich, Ava Gardner, Mel Gibson, Carolina Herrera, Gérard Depardieu, Faye Dunaway...

Características básicas

Género: femenino.
Elemento: Tierra.
Cualidad: cardinal.
Planeta: Saturno (rigor, integridad, perpetuidad). Grandes ambiciones, sentido de la responsabilidad, atracción hacia la soledad, las abstracciones, el esfuerzo, la disciplina, los largos estudios, los viejos...
Planeta en exilio: Luna (dulzura, sensibilidad, imaginación). Desconfianza hacia el deseo, lo íntimo, el sexo, las apariencias, fobia hacia lo lánguido, la multitud, la mentira, lo llorón, lo maternal...
Cualidades: solitario, formal, responsable, honesto, perseverante, autónomo y emprendedor.
Defectos: apático, pretencioso, rígido, desconfiado, insensible, pesimista, miedoso y tacaño.
Psicopatología: personalidad esquizoide.
Desviaciones: ideas delirantes, alucinaciones recurrentes, integrismo, autismo, catatonia, venta de drogas, consumo, encubrimiento...
Enfermedades: infarto, cáncer (estómago, pulmón), bronquitis, neumonía, enfermedades de los riñones y la vejiga, gripe, embolia pulmonar, etc.

El cuerpo

Morfotipo: «ectomorfo cerebral»; cuerpo longilíneo y esqueleto delgado (cabeza y tronco triangulares, extremidades finas). Posturas forzadas, gestos contenidos o, al contrario, descuidados. Predominio del sistema nervioso. Necesidad de actividad física para evitar el estrés (insomnio, espasmofilia, etc.).

Carácter: esquizotímico (sensibilidad viva, necesidad de contacto e intercambios). Reacciones inmediatas aunque superficiales, o bien aplazadas pero más profundas, duraderas.

La psicología

Seguramente, el signo más ambicioso. Es capaz de obligarse a una disciplina severa (encerrarse, trabajar doce horas al día…) para alcanzar el éxito. No duda en sacrificar las aficiones a sus actividades y los placeres a sus proyectos.

Piensa a largo plazo, siempre proyectado hacia el futuro; trabaja (de forma metódica) para construir de modo firme (detesta el fracaso) y duradero (tiene miedo de todo lo que es efímero).

Tiende a asumir muy pronto sus propias responsabilidades (estudios, trabajo, vida cotidiana…) y a aceptar (incluso en caso de recibir un duro golpe) sin quejarse. Su nivel de exigencia es muy elevado (hacia sí mismo) y no es muy confiado (los demás no trabajan nunca lo suficiente ni lo hacen de forma lo bastante correcta).

Las ventajas

La autonomía: no sólo es capaz de trabajar solo, sino que es más eficaz cuando puede organizar él mismo sus tareas. El nivel de actividad: es un gran trabajador que acostumbra a resultar más eficiente a largo plazo. El sentido de la responsabilidad: no hace falta estar encima del nativo de Capricornio para que las cosas se hagan bien.

Las desventajas

La falta de amabilidad: tiende a dar prioridad a la eficacia y a los resultados en detrimento de las relaciones con los demás. La rigidez: desconfía de forma instintiva de todo lo que es nuevo o desconocido. La ansiedad: espera que las cosas salgan mal, por lo que a menudo se atormenta mucho sin que exista realmente alguna razón para ello.

Acuario
(21 de enero-19 de febrero)

Celebridades Acuario

Mozart, Jennifer Aniston, Plácido Domingo, Shakira, Felipe de Borbón, Estefanía de Mónaco, Isabel Preysler, Luis del Olmo, Andreu Buenafuente, Joaquín Sabina, Paul Newman, Álex Ubago...

Características básicas

Género: masculino.
Elemento: Aire.
Cualidad: fijo.
Planeta: Urano (el individualismo, lo que se sale de las normas, lo no sexual). Fascinación por la tecnología, las novedades, las vanguardias, la conquista espacial y la amistad, atracción hacia lo excepcional, las proezas, las plusmarcas, la arquitectura futurista, las sorpresas...

Planeta en exilio: Sol (armonía, idealismo, espiritualidad). Desconfianza hacia las ideologías, las religiones, la conciencia moral, la vida civilizada, el amor y la pareja, aversión por la autoridad, las convenciones, la rutina, lo tibio...
Cualidades: independiente, original, excéntrico, altruista, tolerante y amistoso.
Defectos: hiperegoísta, individualista, desconfiado, miedo a la intimidad y narcisista.
Psicopatología: personalidad paranoica.
Desviaciones: robo, estafa, conducción sin permiso, falsificación de documentos, fobias, manía persecutoria, delirio, erotomanía...
Enfermedades: bronquitis, infarto, cáncer de mama, de estómago y de pulmones, diabetes, tuberculosis, etc.

El cuerpo

Morfotipo: «mesomorfo respiratorio»; cuerpo musculoso y de complexión robusta (ancho de espaldas), pero delgado (extremidades largas, ligamentos finos), formas regulares y equilibradas (entre la parte superior y la inferior). Actitudes firmes, movimientos tónicos, controlados. Predominio de los sistemas cardiopulmonar y sanguíneo. Necesidad de movimiento, de vida al aire libre.
Carácter: catatímico (sensorial, introvertido, cambios de humor).

La psicología

Tal vez el signo más original. Seguramente tiene un estilo muy personal. Los trabajos repetitivos y el aspecto fastidioso, sistemático y prosaico de las cosas, así como la monotonía, le aburren. Necesita innovar e improvisar de forma constante, y muchas veces su comportamiento es percibido por los demás como un poco excéntrico, demasiado libre o muy vanguardista (por ejemplo, crea la moda más que seguirla).

Pero es mucho menos cabeza de chorlito de lo que parece.

Así, es de una lealtad a toda prueba con las personas que ama. Cuando da su confianza, suele ser para toda la vida, aunque no siempre esté presente (a menudo es una persona hiperocupada).

Las ventajas

La eficacia: sabe crear las mejores condiciones para alcanzar su finalidad o los objetivos que le han fijado.

La capacidad de cooperación: es a la vez capaz de trabajar de forma autónoma y de integrarse en un equipo.

La comunicación: expresa con facilidad y claridad sus ideas, intenciones y proyectos, tanto por escrito como de forma oral.

Las desventajas

La hiperactividad: trata de hacer demasiado, y como los días están demasiado «abarrotados», se desorganiza con facilidad ante los imprevistos.

La ausencia de distanciamiento: tiende a tener la nariz en el volante y no se proyecta lo suficiente a largo plazo.

La falta de flexibilidad: no sabe negociar y se siente muy a disgusto en caso de conflicto.

Piscis
(20 de febrero-20 de marzo)

Celebridades Piscis

Joaquín Cortés, Javier Bardem, Eva Longoria, Jerry Lewis, Kurt Russell, Fernando Torres, Dani Martín, Samuel Eto'o, José María Aznar, Felipe González, Federico Luppi, Pilar Bardem, Gabriel García Márquez, Francisco Rabal, Rodrigo Rato, Ana García Obregón, Sara Montiel, Javier Clemente...

CARACTERÍSTICAS BÁSICAS

Género: femenino.
Elemento: Agua.
Cualidad: mutable.
Planeta: Neptuno (intuición, fe, receptividad). Fascinación por el comunismo, lo irracional, lo místico, gusto por el romanticismo, el amor-fusión, el sacrificio, las drogas, las situaciones confusas y embrolladas, las multitudes...
Planeta en exilio: Mercurio (lo cerebral, la lógica, la comunicación). Posee una cierta desconfianza hacia la razón, el lenguaje y las normas, aversión por los estudios, la gramática, las abstracciones, las cifras, la vida práctica, la rutina...
Cualidades: introvertido, flexible, cambiante, servicial, intuitivo y compasivo.
Defectos: pasivo, sumiso, inestable, huidizo, hiperemotivo, masoquista y disoluto.

Psicopatología: personalidad orientada al fracaso.
Desviaciones: ninfomanía, conducción sin permiso, delito de fuga, fraudes, venta de drogas, prostitución, accidentes, depresión, alucinaciones, suicidio...
Enfermedades: cáncer de mama, asma, cirrosis, diabetes, infarto, bronquitis, gripe, etc.

El cuerpo

Morfotipo: «endomorfo digestivo»; cuerpo metido en carnes, formas redondas (más opulentas por debajo de la cintura que por encima), poco musculosas, tonificadas. Esqueleto mediano, extremidades redondas (un poco hinchadas) pero finas. Postura, actitudes y movimientos relajados. Predominio de los sistemas digestivo y linfático: escasa actividad motora, indolencia para evitar el estrés.
Carácter: ciclotímico (cambios periódicos de humor y de sentimientos).

La psicología

Seguramente es el signo del Zodiaco más receptivo. Se identifica con facilidad con los demás, siente lo que ellos sienten y posee capacidad para escuchar. La otra cara de la moneda es que resulta muy influenciable. Carece de objetividad y de lógica (confía más en su intuición) y mantiene siempre cierta vaguedad en sus intenciones y proyectos (para reservarse una puerta de salida); además, no tarda en renunciar a sus objetivos si se presentan dificultades prácticas (falta de constancia en sus relaciones, así como de perseverancia en sus actividades). Tiene verdadero talento para resolver los problemas sin afrontarlos de cara (sabe llegar a compromisos e incluso hacer concesiones). Como contrapartida, no es muy valiente (huye cuando las cosas se vuelven demasiado complicadas o conflictivas).

LAS VENTAJAS

La amabilidad: no le cuesta vivir con los demás ni trabajar en equipo; cumple con su parte de las tareas. La abnegación: sitúa su trabajo por delante de todo y siempre está dispuesto a ayudar a los demás, aunque ello deba contrariar sus proyectos. La flexibilidad: se adapta sin problemas a las personas, las situaciones y los cambios.

LAS DESVENTAJAS

El bajo nivel de actividad: se cansa pronto y se desmotiva con facilidad en caso de dificultades o de problemas con los demás. La carencia de método: suele mostrarse un poco desordenado en su vida o su trabajo. La falta de ambición: se conforma con gestionar lo que ha adquirido; le cuesta concebir estrategias y proyectos a largo plazo.

El horóscopo chino

Nuestra personalidad se ve matizada también según nuestro año de nacimiento. Los chinos distinguen doce signos según los años: Rata *(Zi)*, Búfalo *(Chou)*, Tigre *(Yin)*, Liebre *(Mao)*, Dragón *(Chen)*, Serpiente *(Si)*, Caballo *(Wu)*, Cabra *(Wei)*, Mono *(Shen)*, Gallo *(You)*, Perro *(Xu)* y Cerdo *(Hai)*. Pero cada signo se asocia también con un elemento (Fuego, Tierra, Metal, Agua o Madera), que le da sus características particulares.

¿Cómo encontrar su signo chino?

El año chino es un año lunar y solar, que comienza y termina siempre en fechas distintas. Consulte la tabla siguiente.

Año	Signo/elemento
24 de enero de 1936 - 10 de febrero de 1937	Rata de Fuego
11 de febrero de 1937 - 30 de enero de 1938	Búfalo de Fuego
31 de enero de 1938 - 18 de febrero de 1939	Tigre de Tierra
19 de febrero de 1939 - 7 de febrero de 1940	Liebre de Tierra
8 de febrero de 1940 - 26 de enero de 1941	Dragón de Metal
27 de enero de 1941 - 14 de febrero de 1942	Serpiente de Metal
15 de febrero de 1942 - 4 de febrero de 1943	Caballo de Agua
5 de febrero de 1943 - 24 de enero de 1944	Cabra de Agua
25 de enero de 1944 - 12 de febrero de 1945	Mono de Madera
13 de febrero de 1945 - 1 de febrero de 1946	Gallo de Madera
2 de febrero de 1946 - 21 de enero de 1947	Perro de Fuego
22 de enero de 1947 - 9 de febrero de 1948	Cerdo de Fuego
10 de febrero de 1948 - 28 de enero de 1949	Rata de Tierra
29 de enero de 1949 - 16 de febrero de 1950	Búfalo de Tierra
17 de febrero de 1950 - 5 de febrero de 1951	Tigre de Metal
6 de febrero de 1951 - 26 de enero de 1952	Liebre de Metal
27 de enero de 1952 - 13 de febrero de 1953	Dragón de Agua
14 de febrero de 1953 - 2 de febrero de 1954	Serpiente de Agua
3 de febrero de 1954 - 23 de enero de 1955	Caballo de Madera
24 de enero de 1955 - 11 de febrero de 1956	Cabra de Madera
12 de febrero de 1956 - 30 de enero de 1957	Mono de Fuego

Año	*Signo/elemento*
31 de enero de 1957 - 17 de febrero de 1958	Gallo de Fuego
18 de febrero de 1958 - 7 de febrero de 1959	Perro de Tierra
8 de febrero de 1959 - 27 de enero de 1960	Cerdo de Tierra
28 de enero de 1960 - 14 de febrero de 1961	Rata de Metal
15 de febrero de 1961 - 4 de febrero de 1962	Búfalo de Metal
5 de febrero de 1962 - 24 de enero de 1963	Tigre de Agua
25 de enero de 1963 - 12 de febrero de 1964	Liebre de Agua
13 de febrero de 1964 - 1 de febrero de 1965	Dragón de Madera
2 de febrero de 1965 - 20 de enero de 1966	Serpiente de Madera
21 de enero de 1966 - 8 de febrero de 1967	Caballo de Fuego
9 de febrero de 1967 - 29 de enero de 1968	Cabra de Fuego
30 de enero de 1968 - 16 de febrero de 1969	Mono de Tierra
17 de febrero de 1969 - 5 de febrero de 1970	Gallo de Tierra
6 de febrero de 1970 - 26 de enero de 1971	Perro de Metal
27 de enero de 1971 - 14 de febrero de 1972	Cerdo de Metal
15 de febrero de 1972 - 2 de febrero de 1973	Rata de Agua
3 de febrero de 1973 - 22 de enero de 1974	Búfalo de Agua
23 de enero de 1974 - 10 de febrero de 1975	Tigre de Madera
11 de febrero de 1975 - 30 de enero de 1976	Liebre de Madera
31 de enero de 1976 - 17 de febrero de 1977	Dragón de Fuego
18 de febrero de 1977 - 6 de febrero de 1978	Serpiente de Fuego

Año	Signo/elemento
7 de febrero de 1978 - 27 de enero de 1979	Caballo de Tierra
28 de enero de 1979 - 15 de febrero de 1980	Cabra de Tierra
16 de febrero de 1980 - 4 de febrero de 1981	Mono de Metal
5 de febrero de 1981 - 24 de enero de 1982	Gallo de Metal
25 de enero de 1982 - 12 de febrero de 1983	Perro de Agua
13 de febrero de 1983 - 1 de febrero de 1984	Cerdo de Agua
2 de febrero de 1984 - 19 de febrero de 1985	Rata de Madera
20 de febrero de 1985 - 8 de febrero de 1986	Búfalo de Madera
9 de febrero de 1986 - 28 de enero de 1987	Tigre de Fuego
29 de enero de 1987 - 16 de febrero de 1988	Liebre de Fuego
17 de febrero de 1988 - 5 de febrero de 1989	Dragón de Tierra
6 de febrero de 1989 - 26 de enero de 1990	Serpiente de Tierra
27 de enero de 1990 - 14 de febrero de 1991	Caballo de Metal
15 de febrero de 1991 - 3 de febrero de 1992	Cabra de Metal
4 de febrero de 1992 - 22 de enero de 1993	Mono de Agua
23 de enero de 1993 - 9 de febrero de 1994	Gallo de Agua
10 de febrero de 1994 - 30 de enero de 1995	Perro de Madera
31 de enero de 1995 - 18 de febrero de 1996	Cerdo de Madera
19 de febrero de 1996 - 6 de febrero de 1997	Rata de Fuego
7 de febrero de 1997 - 27 de enero de 1998	Búfalo de Fuego
28 de enero de 1998 - 15 de febrero de 1999	Tigre de Tierra

Año	*Signo/elemento*
16 de febrero de 1999 - 4 de febrero de 2000	Liebre de Tierra
5 de febrero de 2000 - 10 de febrero de 2001	Dragón de Metal
11 de febrero de 2001 - 11 de febrero de 2002	Serpiente de Metal
12 de febrero de 2002 - 31 de enero de 2003	Caballo de Agua
1 de febrero de 2003 - 21 de enero de 2004	Cabra de Agua
22 de enero de 2004 - 8 de febrero de 2005	Mono de Madera
9 de febrero de 2005 - 28 de enero de 2006	Gallo de Madera
29 de enero de 2006 - 17 de febrero de 2007	Perro de Fuego
18 de febrero de 2007 - 6 de febrero de 2008	Cerdo de Fuego
7 de febrero de 2008 - 25 de enero de 2009	Rata de Tierra
26 de enero de 2009 - 13 de febrero de 2010	Búfalo de Tierra
14 de febrero de 2010 - 2 de febrero de 2011	Tigre de Metal
3 de febrero de 2011 - 22 de enero de 2012	Liebre de Metal
23 de enero de 2012 - 9 de febrero de 2013	Dragón de Agua
10 de febrero de 2013 - 30 de enero de 2014	Serpiente de Agua
31 de enero de 2014 - 18 de febrero de 2015	Caballo de Madera
19 de febrero de 2015 - 7 de febrero de 2016	Cabra de Madera
8 de febrero de 2016 - 27 de enero de 2017	Mono de Fuego
28 de enero de 2017 - 15 de febrero de 2018	Gallo de Fuego
16 de febrero de 2018 - 4 de febrero de 2019	Perro de Tierra
5 de febrero de 2019 - ...	Cerdo de Tierra

La Rata

RASGOS DOMINANTES

Cualidades: encanto, introversión (tranquilo, reflexivo, discreto), vivacidad, sentido crítico, minuciosidad, ponderación (buen consejero) y abnegación (en amor).
Defectos: extrema agresividad, disimulo (reservado, manipulador), frialdad (insensible, brusco), pereza, codicia (interesado, aprovechado, mezquino).

AFINIDADES CON LOS DEMÁS SIGNOS

Se muere por el Dragón (su amante ideal), el Mono (aunque se arriesga a amar más de lo que es amado) y el Búfalo (su mejor apoyo). Prudencia con el Perro (demasiado dependiente para alguien como él) y el Cerdo (que podría romperle el corazón).
Le conviene evitar: al Caballo (que lo detesta) y a la Liebre (demasiado casero para él).

El Búfalo

RASGOS DOMINANTES

Cualidades: equilibrio, tenacidad (paciente, perseverante), energía (sumamente activo, diligente), independencia (autónomo, aprecia la soledad), sinceridad (cálido) y fidelidad (en amistad).
Defectos: rígido (obstinado, tozudo, mal perdedor), suficiencia (vanidoso, muy sensible a los halagos, no soporta el fracaso) e intolerancia (rencoroso, puntilloso en amor).

AFINIDADES CON LOS DEMÁS SIGNOS

Una felicidad perfecta con el Gallo (su pareja ideal), la Serpiente (muy buen entendimiento amoroso) o la Rata (si está enamorado de verdad). Prudencia con la Cabra (muy caprichosa, puede abandonarle) o el Tigre (muy inestable, podría decepcionarle).
Le conviene evitar: al Mono (muy seductor, pero demasiado poco leal a su gusto) y al Caballo (demasiado egoísta para él).

El Tigre

RASGOS DOMINANTES

Cualidades: valor (lleno de seguridad, le gusta destacar), independencia (líder), apertura (inteligente, con miras amplias, tolerante) y generosidad (sobre todo en el amor).
Defectos: individualismo (indisciplinado, rebelde), mal carácter (intransigente, pendenciero), irreflexión (imprudente, incluso calavera) y mala fe (hipócrita, mentiroso).

AFINIDADES CON LOS DEMÁS SIGNOS

Los más beneficiosos para él: el Caballo (su pareja ideal) o el Perro (el más servicial para él), e incluso el Dragón (aunque la relación suele ser tempestuosa). Prudencia con el Mono (demasiado astuto para él, riesgo de infidelidad) y la Liebre (excesivamente timorato para su gusto).
Le conviene evitar: a la Serpiente (conflictos de amor propio) y al Búfalo (demasiado sofocante para él).

La Liebre

RASGOS DOMINANTES

Cualidades: dulzura (virtuoso, discreto, prudente), sensibilidad (intuitivo, creativo, lleno de tacto) y sociabilidad (encantador, afable).

Defectos: egoísmo (poco fiel, no muy familiar), ostentación (mundano, pedante, derrochador) y debilidad (vacilante, pusilánime).

AFINIDADES CON LOS DEMÁS SIGNOS

Felicidad completa con la Cabra (su pareja ideal), el Perro (un alma tierna como él) o el Cerdo (muy buena influencia para su ánimo). Prudencia con el Gallo (demasiado inconstante para él) o la Rata (muy insatisfecho).

Le conviene evitar: al Dragón (demasiado dominante y tiránico para él) y al Tigre (le ataca los nervios).

El Dragón

RASGOS DOMINANTES

Cualidades: vitalidad (decidido, luchador, entusiasta), éxito (afortunado), inteligencia (lúcido, muy dotado, perspicaz) y espontaneidad (franco, generoso).
Defectos: egocentrismo (exigente, insatisfecho, falto de tacto), impulsividad (demasiado apresurado, irritable, brusco) y orgullo (excesivamente rotundo, categórico, intolerante).

AFINIDADES CON LOS DEMÁS SIGNOS

El trío ganador: la Rata (su mayor admirador), el Mono (un amante, pero también un amigo) o el Gallo (es líder en su pareja). Prudencia, en cambio, con la Serpiente (muy atractivo, pero no necesariamente fiable).
Le conviene evitar: al Perro (mina su confianza en sí mismo), al Tigre (le lleva a hacer tonterías) y a la Liebre (no hace lo suficiente para él).

La Serpiente

RASGOS DOMINANTES

Cualidades: sabiduría (inteligente, honesto), razón (lúcido, muy reflexivo), pragmatismo (organizado, eficaz) y sencillez (nada esnob, bien educado, tiene muy buen gusto).
Defectos: pensamiento inamovible (incapaz de escuchar, intolerante, obstinado), paranoia (susceptible, posesivo, celoso) y agresividad (tendencia a juzgar a los demás, vengativo).

AFINIDADES CON LOS DEMÁS SIGNOS

Lo ideal: el Gallo (muy agitado, pero le hace feliz) o el Búfalo (más tranquilo, le equilibra). Prudencia, en cambio, con el Dragón (fascinante, pero arriesgado).
Le conviene evitar: al Tigre (relaciones muy apasionadas, pero muy tempestuosas), al Cerdo (demasiadas complicaciones) o a otra Serpiente (insoportable).

El Caballo

Rasgos dominantes

Cualidades: atractivo (afable, elegante, romántico), dinamismo (entusiasta, apasionado) y gusto por el movimiento (le gustan los viajes, los cambios y la vida en sociedad).
Defectos: inestabilidad (impaciente, irritable), superficialidad (demasiado charlatán, jactancioso, versátil) y egoísmo (oportunista, interesado).

Afinidades con los demás signos

Sus dos parejas predilectas: la Cabra (más divertida) y el Tigre (más excitante). Riesgo de riñas con el Perro (pero buen compañero en general). Prudencia con el Gallo (sorpresas agradables pero también desagradables).
Le conviene evitar: a la Rata (atracción mutua, pero muchos conflictos), al Mono (muy astuto y retorcido), al Búfalo (muy dominante y posesivo) o a otro Caballo (muchas peleas).

La Cabra

RASGOS DOMINANTES

Cualidades: sentido estético (buen gusto, gran sentido artístico), benevolencia (bondadoso, complaciente, receptivo, intuitivo) y armonía (carácter lleno de matices, conciliador).
Defectos: perfeccionismo (obseso, exigente) e inmadurez (dependiente, voluble, insensato).

AFINIDADES CON LOS DEMÁS SIGNOS

La pareja ideal: el Cerdo (muy solícito y amparador) o bien el Caballo (su mejor apoyo). Con resultados menos seguros: la Liebre, aunque pueden protagonizar bonitas historias de amor. Prudencia con la Rata (incluso una sola noche) y el Mono (riesgo de infidelidades).
Le conviene evitar: al Búfalo (no soporta sus caprichos) y al Perro (sus comportamientos le producen una tremenda inseguridad).

El Mono

Rasgos dominantes

Cualidades: fantasía (ingenioso, inventivo, hábil), inteligencia (lúcido, sutil, táctico) y vivacidad (independiente, activo, apasionado).

Defectos: veleidad (infiel), arribismo (ladino, falso, corrupto) y orgullo (vacilón, vanidoso).

Afinidades con los demás signos

Prudencia con el Búfalo (muy posesivo) y la Serpiente (muy suspicaz); las cosas suelen acabar mal. Más satisfacción, en cambio, con el Dragón (el único con el que puede entenderse de forma duradera) o la Rata (es con quien más se divierte).

Le conviene evitar: al Tigre (relaciones muy apasionadas, pero también muy conflictivas) y al Caballo (demasiados problemas con sus celos).

El Gallo

Rasgos dominantes

Cualidades: franqueza (sincero, honrado), inteligencia (agudo, curioso, con una excelente memoria) y sociabilidad (jovial, divertido, brillante y atractivo).

Defectos: ostentación (vanidoso, cotilla, derrochador), inestabilidad (de humor cambiante, voluble) e inquietud (vacilante, indeciso, desconfiado).

Afinidades con los demás signos

Los más beneficiosos para él: el Búfalo (le da mucha estabilidad), la Serpiente (más estimulante) y, sobre todo, un Dragón (su pareja ideal). Prudencia, en cambio, con la Rata (demasiadas frustraciones por ambas partes).

Le conviene evitar: a la Liebre (no tienen nada en común), al Perro (demasiadas divergencias) o a otro Gallo (convivencia muy difícil).

El Perro

RASGOS DOMINANTES

Cualidades: lealtad (muy honrado, fiel), amabilidad (cálido, desinteresado, servicial) y dinamismo (luchador, ambicioso, rápido).
Defectos: pesimismo (inquieto, timorato, angustiado), inestabilidad (cambiante, voluble, frívolo) y narcisismo (interesado, aprovechado).

AFINIDADES CON LOS DEMÁS SIGNOS

Los signos adecuados para él: el Tigre (su compañero ideal para una vida a largo plazo) o la Liebre (su amante ideal). Felicidad garantizada con el Caballo (le da mucha seguridad).
Le conviene evitar: al Dragón (no vienen del mismo planeta), a la Rata (demasiada animosidad natural) y a la Cabra (relaciones muy agotadoras desde el punto de vista moral y nervioso).

El Cerdo

RASGOS DOMINANTES

Cualidades: honradez (directo, sin malicia, desinteresado), bondad (servicial, leal, indulgente) e independencia (autónomo, voluntarioso, obstinado).
Defectos: credulidad (ingenuo, desarmado), inercia (perezoso, escurre el bulto), obsesión (suspicaz, muy celoso).

AFINIDADES CON LOS DEMÁS SIGNOS

Sus mejores parejas: la Cabra (su amante ideal para una noche y más), la Liebre (su compañero para toda la vida) o el Tigre (aunque tiende a aprovecharse un poco de su buena pasta). Prudencia, en cambio, con el Dragón u otro Cerdo.
Le conviene evitar: a la Serpiente (demasiado agresiva para su sensibilidad) y al Gallo (excesivamente inestable desde todos los puntos de vista).

Elementos amigos y enemigos

Según el elemento de su signo, presentamos a continuación las parejas que más le convienen y cuáles debería evitar.

La Madera
Su pasión: la cólera.
Su amigo: Agua.
Su enemigo: Metal.

El Fuego
Su pasión: la alegría.
Su amigo: Madera.
Su enemigo: Agua.

La Tierra
Su pasión: la tranquilidad.
Su amigo: Fuego.
Su enemigo: Madera.

El Metal
Su pasión: la tristeza.
Su amigo: Fuego.
Su enemigo: Tierra.

El Agua
Su pasión: el miedo.
Su amigo: Metal.
Su enemigo: Tierra.

Los sueños

«El sueño es una segunda vida», decía el escritor francés Nerval. Una vida que nos permite hacer realidad nuestros deseos más secretos, según Freud. Nuestros sueños son experiencias y realidades virtuales. Gracias a ellos, podemos explorar sin riesgos todas las facetas de nuestra personalidad. A primera vista, muchas veces parecen incomprensibles. ¿Cómo descifrarlos? Con las claves adecuadas y un poco de sentido común.

10 preguntas frecuentes sobre los sueños

¿Para qué sirve soñar?

Se ignora. A menudo se ha considerado el sueño como una «tormenta cerebral» que aliviaría al organismo de todas las tensiones acumuladas durante el día. Soñar es imprescindible para nuestra supervivencia y nuestro equilibrio mental.

Todas las experiencias de privación de sueño que se han intentado se han saldado con graves trastornos psicofisiológicos.

¿POR QUÉ NO SUEÑO?

Todos los mamíferos (usted es uno), salvo el delfín (que no duerme), y las aves sueñan. La vida de sueño comienza en el vientre materno. Los bebés humanos le dedican entre un 50 y un 60 % del tiempo de sueño, y todos los adultos (salvo los retrasados profundos, que duermen poco), un 20 % de promedio. Si cree que no sueña es porque no recuerda sus sueños.

¿POR QUÉ SUEÑO EN BLANCO Y NEGRO?

Todo el mundo vive y sueña casi siempre en color. De vez en cuando puede tener un sueño en blanco y negro, pero si es sistemático, en realidad son sus recuerdos los que son en blanco y negro.

¿POR QUÉ TENGO A MENUDO EL MISMO SUEÑO?

Un sueño es un mensaje que nos dirige nuestro inconsciente, algo que trata de darnos a entender. Cuanto más importante es ese mensaje, más lo repite nuestro inconsciente, en cierto modo como un fax que reenvía de forma automática un mensaje hasta su recepción.

¿DESEO A ALGUIEN SI SUEÑO QUE ME ACUESTO CON ÉL?

Depende de si le atrae o no en la vida real. A veces nuestros sueños son la expresión no codificada de nuestros deseos (se siente atraído por una persona y sueña que hace el amor con ella la noche siguiente), pero a menudo quieren decir otra cosa (si sueña que hace el amor con el carnicero obeso de la esquina puede significar simplemente que tiene ganas de devorar un filete poco hecho).

¿Soy normal si sueño que hago el amor con Aznar o con Zapatero?

Sí, incluso y sobre todo si acudió o acude a todas las manifestaciones en contra de sus políticas. A menudo nuestros sueños eróticos ponen en escena actos y personas en los que nunca pensaríamos cuando estamos despiertos; el 6 % de las mujeres (el 11 % de los hombres) tienen fantasías en sueños con políticos o personajes del espectáculo. Con frecuencia son sustitutos. Por ejemplo, Zapatero o Aznar podrían representar a su profesor o a su padre.

¿Engaño a mi pareja si sueño que me acuesto con otro?

No. En primer lugar, eso no significa de forma automática que desee a la otra persona (véase anteriormente). Además, suponiendo que la desee, soñar con ella (en lugar de pasar a la acción) expresa, por el contrario, su intención de permanecer fiel a su pareja.

¿Aunque haya tenido un orgasmo?

Aun así. No existe relación de causa-efecto entre nuestras sensaciones íntimas y el significado de nuestros sueños; sólo el 38 % de las mujeres (el 35 % de los hombres) fantasean de forma habitual con su pareja. Eso no convierte a todos los demás en personas infieles.

¿ESTOY OBSESIONADO SI TENGO A MENUDO SUEÑOS ERÓTICOS?

No. Dado que los ciclos de la excitación sexual y del sueño son sincrónicos, es normal (y frecuente) tener un orgasmo cuando se sueña. En Estados Unidos, el informe Kinsey calculaba en un 40 % el número de mujeres que tienen orgasmos nocturnos (un 80 % de los hombres). En España, el 31 % de las mujeres experimentan orgasmos mientras duermen con sueños eróticos. También se observó en el mismo informe que los sueños eróticos solían ser más frecuentes durante la menstruación, al parecer por razones hormonales, y al final de la noche.

¿SOY HOMOSEXUAL SI SUEÑO QUE HAGO EL AMOR CON UNA PERSONA DEL MISMO SEXO?

No. El contenido de nuestros sueños eróticos no acostumbra a tener nada que ver con nuestras inclinaciones y nuestra sexualidad habitual. A veces nuestros sueños nos permiten vivir nuestros deseos más secretos, pero ante todo son experiencias de fantasía. Dado que ciertas inhibiciones desaparecen durante el sueño, es posible explorar sin riesgos todas las facetas de la propia sensibilidad y sensualidad. Por lo tanto, si tiene fantasías homosexuales (el 29 % de las mujeres), de violación (el 39 %) o exhibicionistas (el 33 %), reaparecerán en sus sueños.

¿Qué hay en nuestros sueños X?

Examinando el informe de más de 3500 sueños femeninos y masculinos, el doctor Antonio Zadra, de la Universidad de Montreal, demostró que los contenidos sexuales (el 8% de los sueños masculinos y femeninos) son, por orden de importancia: relaciones sexuales, proposiciones sexuales, besos, fantasías y masturbaciones. También demostró que los hombres y las mujeres tienen orgasmos casi en el 4% de sus sueños eróticos. Además, en el 4% de los sueños femeninos, un personaje del sueño tiene un orgasmo, aunque eso no ocurre en ninguno de los sueños masculinos (¡a los hombres no les gusta demasiado compartir!). Las parejas actuales o anteriores habitan el 20% de los sueños sexuales femeninos, frente al 14% de los sueños masculinos. Los personajes públicos son también dos veces más numerosos en los sueños de las mujeres que en los hombres. A la inversa, los sueños de sexualidad entre varias personas son dos veces más frecuentes en los hombres.

Fuente: Conferencia anual sobre el sueño, 2007 (Minneapolis)

¿Qué pasa cuando dormimos?

A razón de 90 minutos de promedio por noche, pasamos más de cuatro años de nuestra vida soñando.

En realidad, todos soñamos varias veces por noche, aproximadamente cada 90 minutos. Al principio de la noche nuestros sueños duran pocos minutos; al final, casi media hora. Por otra parte, recordamos con mayor facilidad los últimos sueños, ya que nos despiertan a menudo.

Una noche de sueño «normal» se desarrolla en cuatro o cinco ciclos de una duración que, según las personas, varía entre 60 y 100 minutos. Cada ciclo comienza con una fase de sueño lento, caracterizado por una actividad cerebral de baja intensidad, y acaba con una fase de sueño llamado *paradójico*; soñamos durante esta última fase. ¿Por qué *paradójico*? Porque, cuando soñamos, todo nuestro organismo se trastorna. Nuestro cuerpo queda casi paralizado y resulta incapaz de reacciones, a excepción de algunos espasmos de los músculos faciales o de los dedos.

En cambio, durante el sueño lento, nuestro cuerpo es móvil: cambiamos treinta veces de postura cada noche (por término medio, catorce minutos en cada postura).

Durante el sueño paradójico, nuestra frecuencia cardiaca y respiratoria también se ve frenada, y nuestra tensión arterial es más baja que de día. Otras diferencias notables son una actividad ocular mucho más rápida —los especialistas llaman a las fases en que soñamos fases REM (*Rapid Eyes Movement*, «movimientos oculares rápidos»)— y una afluencia sanguínea más importante en el bajo vientre. Mientras sueñan, los hombres tienen erecciones; en las mujeres se observa una hinchazón clitoridiana y una lubricación vaginal.

Diez claves para interpretar los sueños

1. Pregúntese en primer lugar a qué categoría pertenece su sueño. ¿Cuál es su función o utilidad? Dos posibilidades: *a*) es un sueño de la vida cotidiana: contiene numerosos elementos del día transcurrido y en él no ocurre nada extraordinario. En ese caso es sólo una adaptación a la realidad; *b*) es un sueño «psicológico». Pasan cosas raras y la carga emotiva es importante: su sueño trata de darle a entender algo (sobre usted, su pasado, su situación...).

2. Nunca se tome al pie de la letra el contenido de su sueño. Lo que le parece banal, familiar y evidente en un sueño (por ejemplo, abofetea a su hermano mayor) oculta a menudo algo que lo es mucho menos (por ejemplo, que tiene ganas de abofetear a su padre). Cuanto más claro le parezca su sueño, más cosas oculta. No se deje engañar por las apariencias.

3. Nunca interprete las cosas en un solo sentido. A nuestro inconsciente le gustan las sustituciones: una persona por otra, un objeto o una palabra por otro. Por ello, cada situación puede entenderse de formas distintas. Ejemplo: le monta una gran escena de celos a su hombre. Hay varias posibilidades: *a*) necesita desahogarse; *b*) tiene miedo (con razón) de que él le haga una escena a usted; *c*) su escena en realidad se dirige a otro destinatario (por ejemplo, su padre).

4. Analice de forma sistemática las cosas al revés. En un sueño, «sí» quiere decir a menudo «no»; «te quiero» puede significar «te odio», o «deseo», «me disgusta». No dude en entender las cosas al revés. A veces, al invertirlos y darles la vuelta, muchos elementos y situaciones de su sueño adquirirán todo su sentido correcto y parecerán más claros.

5. Cambie también los papeles. Todas las personas que aparecen en sus sueños son fruto de su fantasía. Aunque las conozca (papá, mamá, la vecina, el panadero) son usted. Lo que hacen, o lo que les hacen, es lo que teme o desea usted hacer o que le hagan. No olvide nunca que su sueño es siempre una película suya. Usted es su único productor, director, actor y espectador.

6. Dé rienda suelta a su imaginación. Haga asociaciones de ideas. Nada es «verdad» en un sueño: todo es símbolo. Y los símbolos sólo tienen significado con respecto a otros símbolos. No dude en jugar con las formas y los colores, en relacionar cosas que en apariencia no guardan vínculos. Ejemplo: ve a un chico que chuta un balón rojo. Balón = luna (ambos son esferas) = feminidad; pie = pene, y rojo = sangre: puede interpretar todo eso como un deseo de sexo. Juegue también con las palabras. Ejemplo: en un sueño declama: «Sí, mi deseo declara». También puede entender: «Mi deseo de Clara».

7. Reflexione acerca de los detalles menores. En nuestros sueños nada es anodino del todo. Las cosas que nos parecen más insignificantes son a menudo las que no queremos ver. Parta del principio de que, cada vez que piensa que algo no es importante en su sueño, sí que lo es: una palabra, un número, un color… El menor elemento de un sueño participa en su significado y puede proporcionarle una clave.

8. Asocie su sueño con otros que haya tenido antes. Hay una lógica de lo imaginario del mismo modo que existe una en la realidad. Un sueño nunca está aislado: es un episodio (como en una serie). Sólo puede comprenderlo rememorando los episodios pasados y resituándolo en su cronología personal. Todos los sueños que le han marcado (los que, varios años más tarde, aún recuerda) forman una historia: la suya. A usted le corresponde descifrarla.

9. Preste atención a lo que siente al despertar, a la impresión que le deja su sueño. Se siente bien: es un buen sueño, ha cumplido su función de recuperación del equilibrio mental. Se siente a disgusto (cuerpo o alma), tiene la sensación de que no llega a captar algo: es una etapa (que debe repetir o continuar). Eso ocurre a menudo cuando un sueño es bruscamente interrumpido por el despertador. Evite en lo posible las interrupciones.

10. Adquiera la costumbre de contar sus sueños cada mañana. Un sueño es siempre una condensación, en cierto modo es como un archivo de ordenador comprimido. El simple hecho de hablarles a los demás de él le permitirá tomar conciencia de ciertas cosas que se le habían pasado por alto. Cuanto más desarrolle su explicación y entre en detalles, más posibilidades tendrá de comprenderlo mejor. Un último consejo: adquiera la costumbre de anotar sus sueños. Eso facilita los recuerdos, y además le proporcionará una buena lectura (divertida) para más tarde.

¿Cómo guiar los sueños?

Todos los psiquiatras coinciden: cuando los sueños se viven bien (de forma consciente), se tienen menos frustraciones y angustias, y uno se conoce mejor. Tomar conciencia de los sueños abre las puertas de un mundo paralelo (lo imaginario, lo inconsciente) que enriquece toda la existencia. ¿Forma parte de los que no sueñan nunca o casi nunca o bien de los que se sienten desorientados por sus sueños? No es un problema. A soñar bien se aprende. Con un poco de entrenamiento, puede no sólo recordar sus sueños, sino incluso guiarlos.

1. Ante todo, se debe encontrarse en buenas condiciones físicas.

• Tome una cena ligera la noche en la que quiera «programar» un sueño; beba agua. El alcohol favorece un adormecimiento demasiado rápido. Ese día absténgase también de té y café después de la comida.

• Antes de acostarse evite los esfuerzos intensos, físicos o intelectuales. Esa noche nada de gimnasia, ni de lecturas complicadas o videojuegos.

• Instálese con comodidad en la cama, en un ambiente lo más tranquilo posible. Los entornos demasiado ruidosos perturban los sueños. Túmbese boca arriba, con la cabeza bastante baja (evite las almohadas gruesas que «quiebran» la nuca).

2. A continuación, evite caer en el sueño de forma brusca. Normalmente, la entrada en este va precedida de una fase de adormecimiento que puede durar varios minutos. Durante esa fase, su mente funciona con libertad. Debe aprovecharlo para establecer la conexión con su inconsciente. Todas las imágenes que se forman al dormirse regresan de forma automática a los sueños, a menudo de forma incompleta y a veces muy deformadas.

3. Por último, la técnica consiste en visualizar desde un punto de vista mental el sueño que quiere tener durante la noche.

- Empiece por relajarse; vacíe la mente. Deje que sus pensamientos desfilen sin detenerse en ellos. No se «enganche» a sus problemas ni a sus preocupaciones, déjelos pasar, no reflexione.
- Imagine ahora una situación sencilla. Ejemplo: encuentra en un palacio a su príncipe azul. En un primer momento, debe llegar a formarse una imagen perfecta del decorado y los personajes (el príncipe y usted). Perfeccione los detalles, demórese en la textura de una piel, el calor de una luz, etc. En general, los ojos (la mirada) y las manos son lo más difícil de visualizar con claridad. En cuanto haya logrado «enfocar», puede pasar a la siguiente etapa.
- Ahora se trata de inventar su propio guión. Concéntrese primero en el ambiente, en su sentimiento dominante en esta situación: aprensión, excitación, ternura, etc.

Luego hágalo en la puesta en escena. Debe «prever» cada movimiento, cada gesto, tanto los suyos como los de su pareja.

La eficacia de su visualización depende de su grado de precisión, tanto en las «formas» como en las sensaciones que asocia con ellas.

Lo ideal es permanecer al menos diez minutos en este estado, en la frontera entre el sueño y la realidad. Tenga en cuenta que seguramente las primeras veces se dormirá demasiado pronto. Sin embargo, después de varios intentos lo conseguirá sin problemas. Su primer sueño puede comenzar. En principio, de 50 a 100 minutos después de que se duerma.

Todo lo que se oculta detrás de nuestros sueños

Desde siempre, los seres humanos han analizado sus sueños para comprenderlos mejor. Las primeras claves de los sueños datan de la Antigüedad. Pero hay que esperar al siglo XIX y a la revolución del psicoanálisis para que la lógica del sueño empiece por fin a descifrarse de forma seria. Para Freud y la mayoría de psiquiatras después de él, el sueño es «la vía real que lleva al inconsciente de la vida psíquica», un escenario en el que se representan sin cesar las grandes maniobras edípicas. Eso explica que detrás de la variedad y riqueza de nuestros sueños (el contenido manifiesto) se encuentren a menudo temas y sentimientos recurrentes (el contenido latente). Presentamos un pequeño repaso de lo que se oculta con frecuencia detrás de nuestros sueños.

El complejo de castración

Nace en el momento del descubrimiento de la diferencia anatómica entre los sexos («Él tiene colita y yo no»). En la niña, la ausencia de pene se vive como un perjuicio sufrido (sentimiento de castración) que trata de negar, compensar o reparar (en los sueños o en la realidad). El niño teme perderlo (angustia de castración) si hace una tontería (por ejemplo, tratar de matar a su padre o de acostarse con su madre).

El deseo del pene

Para Freud, la envidia del pene es el elemento fundamental de la sexualidad femenina. La niña, al percibir su diferencia como una falta, una carencia, se siente perjudicada y quiere tener un pene como los niños. Cada niña experimenta la envidia del pene, pero este sentimiento se desarrolla más tarde de forma diferente. Normalmente, en el transcurso de la fase edípica, se transforma en deseo de tener un pene dentro de sí; a la vez, deseo de disfrutar del pene en el coito y deseo de maternidad.

LA CULPABILIDAD EDÍPICA

«El deseo con el que la niña se vuelve hacia el padre es seguramente en su origen el deseo del pene que la madre le ha negado y que ahora espera conseguir de su padre. No obstante, la situación femenina sólo se establece cuando el deseo del pene es sustituido por el deseo del hijo, y el hijo, según la vieja equivalencia simbólica, ocupa el lugar del pene» (Freud). Hasta que la hija supera esa fase, se siente culpable por querer ocupar el lugar de su madre. Por el contrario en los niños, la culpabilidad se halla vinculada al deseo hacia la madre.

LA AGRESIVIDAD CONTRA LA MADRE

En la hija, está motivada por dos razones: 1) «Mamá no me dio pene; le guardo rencor»; 2) «Me impide tener a papá para mí sola». En este caso, la madre es considerada una rival a la que hay que eliminar. Por su parte, el hijo guarda rencor a su madre porque no accede a su deseo (ilegítimo) y prefiere al padre. O, al contrario, porque lo prefiere al padre, cosa que lo pone en peligro, ya que este último podría querer vengarse.

LA AGRESIVIDAD CONTRA EL PADRE

En las niñas, está motivada por el rechazo del pene. Puede expresarse de dos formas: la rivalidad (competición, relaciones de fuerza con el padre y, más tarde, con los hombres en general) o la seducción (hija hipersexy, provocativa con el padre). En los niños, la agresividad contra el padre se explica por el deseo hacia la madre y el miedo a la castración.

En mi sueño, salía...

- *Abuela*

(Frecuencia: 11 %)

En los sueños, la abuela (o una anciana) equivale a veces a ella misma, aunque generalmente simboliza a la madre que castiga; también suele verse como una amenaza.

Cómo se interpreta:
— abuela materna: angustia de culpabilidad con respecto a la madre (a causa de la rivalidad edípica);
— abuela paterna: angustia de castración o muerte;
— abuela asociada con el abuelo: trastornos de identidad o desaparición de inhibiciones.

- *Abuelo*

(Frecuencia: 7 %)

A diferencia de la abuela, el abuelo refleja una relación de complicidad (como en los anuncios). Encarna el mundo de la infancia, del recuerdo, de las emociones recuperadas.

Cómo se interpreta:
Dos posibilidades:
— el sueño se relaciona con acontecimientos de la vida cotidiana: su abuelo se conforma con interpretar su propio papel;
— no es así: su abuelo es un sustituto positivo de su padre: desaparición de los sentimientos de culpa hacia este último.

▪ *Agua*
(Frecuencia: 41 %)
Protege, alimenta y lava a la vez, el agua es el símbolo femenino por excelencia.
Cómo se interpreta:
— lago y charco (aguas estancadas): necesidad de hacer una pausa, de recuperar un equilibrio interno personal;
— río: deseo de maternidad (va al mar/madre);
— océano: véase *Mar*.

▪ *Alas*
(Frecuencia: 14 %)
Las alas (de un ángel, de un ave, etc.) van siempre ligadas en nuestros sueños a un deseo de emancipación, a una necesidad de libertad (victoria sobre la gravedad, sobre las limitaciones familiares, corporales o materiales).
Cómo se interpreta:
Según el portador de las alas:
— águila: deseo de dominar (a los demás, los acontecimientos);
— ángel: sublimación de los sentimientos de castración y de la sexualidad;
— pato: deseo de pene;

— cigüeña: deseo de ruptura (con el medio familiar);
— gaviota: ganas de pasión;
— pavo real: acceso narcisista.

- *Amarillo*

(Frecuencia: 29 %)

Dominante en un sueño (luz dorada, campo de trigo, miel, etc.), el amarillo simboliza la vida, el amor (fusión) y la comida.

Cómo se interpreta:
— amarillo absoluto: frustración del amor materno o, al contrario, restablecimiento de la relación madre/hija o madre/hijo: todo depende del tono afectivo del sueño;
— asociado con verde: restablecimiento de una relación positiva con la madre o con la maternidad para las mujeres.

- *Árbol*

(Frecuencia: 27 %)

Anónimo en un sueño (no se le puede designar como abeto o roble, etc.), el árbol representa la relación entre la tierra/instinto y el cielo/mente. Es un símbolo (fálico) que puede representar la vida, el crecimiento y la evolución.

Cómo se interpreta:
— árbol normal: apertura a los hombres, buenas relaciones con la propia masculinidad;
— árbol cortado (raíces o ramas): angustia y sentimiento de castración, problema de identidad personal (cortada de sus raíces);
— árbol inmenso: problemas familiares graves, aislamiento del yo;

— árbol que arde: necesidad de purificación, de ajustar cuentas con el pasado;
— subir a un árbol: deseo de escapar de sentimientos dolorosos.

- *Arena*

(Frecuencia: 23,5 %)

Tanto si se sueña con el desierto como con la playa, la arena se relaciona en el imaginario colectivo con la imagen materna, y a veces simboliza el paso del tiempo (como en el reloj de arena).

Cómo se interpreta:
— dunas: vientre materno, deseo de renovar la experiencia de fusión;
— arenas movedizas: madre sofocante;
— arenas negras: grave bloqueo en la relación con la madre y la visión de la maternidad.

- *Armadura*

(Frecuencia: 3 %)

Coraza a la vez protectora pero poco «comunicante», la armadura simboliza casi siempre en nuestros sueños una contención, forzosa o voluntaria, de la sensibilidad.

Cómo se interpreta:
— estar encerrada (mujer) en una armadura: rechazo de su feminidad (deseo de adoptar un comportamiento masculino), dificultad para establecer una relación satisfactoria con un hombre, a no ser al estilo Juana de Arco (siempre doncella), como viejo camarada de regimiento o adversario;
— estar encerrado (hombre) en una armadura: sentimiento de impotencia sexual y relacional o falta de reconocimiento social;

— ver a un guerrero armado: miedo de la violencia o de ser víctima de una agresión sexual.

- *Azul*

(Frecuencia: 36 %)

El azul en nuestros sueños es a menudo el del cielo o el del mar, pero cuando es percibido como color simboliza el alejamiento, la renuncia, el descanso.

Cómo se interpreta:

Sea cual sea su matiz, el azul expresa en la inmensa mayoría de los casos una búsqueda de unidad del ser, un deseo de paz interior:
— asociado con el amarillo: equilibrio entre razón y sentimiento, intelecto y corazón;
— opuesto al rojo: conflicto entre la cabeza y el sexo, la razón y la pasión.

- *Bajar*

(Frecuencia: 19 %)

Bajar una escalera, bajar al sótano, a un abismo... significa casi siempre una necesidad de conectar (de explorar para comprender) con los impulsos instintivos.

Cómo se interpreta:

Depende del tono afectivo del sueño; a menudo es angustioso, pues lo que se oculta en el fondo (los deseos y la agresividad rechazados) produce siempre un poco de miedo.

- *Barco*

(Frecuencia: 21 %)

En el imaginario onírico, el barco es un símbolo de libertad. Casi siempre significa un deseo de evasión.

Cómo se interpreta:
Según el tipo de barco:
— velero: confianza en los acontecimientos;
— barco de motor: necesidad de dominar la situación, de experimentar cambios, aunque manteniendo el control siempre;
— paquebote (de crucero): necesidades sociales, deseo de hacer amigos;
— buque de guerra: miedo a la penetración o deseo del pene (según los sentimientos);
— submarino: regreso al útero materno.

- *Bebé*

(Frecuencia: 11 %)
Representa lo que debe ocurrir; puede expresar una esperanza, o también una regresión.
Cómo se interpreta:
— en el 30 % de los sueños: episodio regresivo;
— en otro 30 %: preocupación metafísica («¿Adónde voy?»);
— en el 20 % de los sueños: hermano o hermana menores considerados invasores;
— en otro 20 %: deseo de maternidad y posibles frustraciones vinculadas.

- *Blancanieves*

(Frecuencia: 3 %)
Tanto en los sueños como en el cuento, Blancanieves simboliza a la muchacha que se convierte en mujer. En su vestido, el rojo de la sangre menstrual se opone al blanco virginal. Véase *Blanco* y *Rojo*.
Cómo se interpreta:
En función del tono afectivo del sueño:

— agradable: experiencia de la transformación de la pubertad;
— desagradable: rivalidad narcisista con la madre.

- *Blanco*

(Frecuencia: 50 %)

Dominante en un sueño bajo formas diversas (nieve, niebla, luz, rostros...), el color blanco es un símbolo de pureza. Expresa, por un lado, la inocencia (la virginidad de los orígenes) y por el otro, la muerte.

Cómo se interpreta:
— blanco mate: sentimientos de inercia, de aislamiento, de falta de implicación en la propia situación actual;
— blanco brillante: deseo de pureza, de perfección, de realización individual;
— asociado con el azul: situación conflictiva en vías de solución;
— asociado con el rojo: impulsos contrarios (por ejemplo, seguir siendo virgen o no);
— opuesto al negro (baldosa, tablero, etc.): angustias existenciales.

- *Boca*

(Frecuencia: 3,5 %)

Vinculada a una problemática disfrute/frustración, la boca (humana o animal) remite en nuestros sueños a la fase de la sexualidad oral (de 3 a 4 meses). Significa casi siempre una situación de dependencia, un problema de comunicación o de sexualidad.

Cómo se interpreta:
— boca que traga: deseo de penetración;
— boca que vomita: miedo a la penetración;
— boca que chupa: deseo de felación;

- boca que grita: frustración (falta de comunicación);
- boca dentada: sentimiento de angustia o de castración.

• *Bosque*
(Frecuencia: 19,5 %)
El bosque de nuestros sueños representa una iniciación. Nos enfrenta a lo desconocido y a nuestros miedos. Como en los tiempos antiguos, es un lugar de paso (obligatorio) y de todos los peligros.
Cómo se interpreta:
Según lo que sienta:
- miedo del lobo feroz (o de todos los animales salvajes, leñadores incluidos): miedo a la sexualidad;
- si, por el contrario, se siente usted como Robín de los Bosques: impulsos de tipo homosexual.

• *Brazos*
(Frecuencia: 11,5 %)
En el imaginario onírico, los brazos simbolizan la relación, la acogida, la ternura. Pueden abrazar, pero también sofocar o rechazar.
Cómo se interpreta:
- brazos cerrados (cruzados): frustraciones, rechazo de ceder al sentimiento;
- brazos cortados o rotos: sentimientos de impotencia;
- brazos tentaculares (pulpo, flor carnívora...): relación sofocante con la madre;
- brazos articulados (robot, estatua...): relación sofocante con el padre;
- gran mono, árbol: sentimientos de seguridad con el padre;

— estrella de mar, flor: sentimientos de seguridad con la madre.

- *Bruja*

(Frecuencia: 4 %)

Tanto en los sueños como en los cuentos, la bruja es una imagen materna negativa (es el caso contrario de lo que simboliza el hada).

Cómo se interpreta:
— amenazadora (hacia usted o hacia otros): sentimientos de culpa, relacionados con el deseo de eliminar a la madre;
— volando: impulsos de agresividad.

- *Caballo*

(Frecuencia: 17 %)

En el imaginario, el caballo es, como el gato, un símbolo de libertad. Pero, a diferencia de los felinos, el caballo representa los impulsos hacia el mundo exterior, en particular el deseo de tener aventuras sexuales.

Cómo se interpreta:
— caballo galopando, sin jinete o con usted como jinete: rechazo de las obligaciones familiares y sociales;
— caballo alado, como Pegaso: sublimación de los impulsos y deseos sexuales;
— caballo montado por un jinete: idealización de la libido;
— uno o varios jinetes que cargan contra usted: miedo de ser víctima de una agresión sexual;
— caballo de piedra, madera o bronce: limitaciones (materiales, sentimentales);
— asociado con un símbolo paterno (sol, rey…): impulsos incestuosos.

- *Cabello*

(Frecuencia: 7,5 %)

El cabello, la cabellera, simboliza en sus sueños su feminidad.

Cómo se interpreta:
— suelto, largo: afirmación de su feminidad;
— trenzado: deseo de control de los impulsos femeninos;
— cortado: problemas de identidad (tanto en el caso de la mujer como del hombre);
— rapado: ataque narcisista, sentimiento de impotencia, de castración.

- *Cabeza*

(Frecuencia: 27 %)

La cabeza (humana o animal), en el primer puesto de las imágenes corporales en los sueños, simboliza lo mental y la inteligencia (y también el cuerpo: los impulsos, los instintos).

Cómo se interpreta:
— cortada (separada del cuerpo): insatisfacciones, frustraciones (ruptura entre la razón y los sentimientos);
— cortada (sin cuerpo): sentimientos de castración, impulsos agresivos;
— cuerpo decapitado (sin cabeza): claros problemas de identidad: «¿Quién soy, adónde voy?» (perder la cabeza = perder el norte, desorientarse, etc.).

- *Capa*

(Frecuencia: 8,5 %)

La capa simboliza el superyó (una especie de juez del yo).

Cómo se interpreta:
En función de su peso y del ambiente:
— ligera: necesidad de asumir una responsabilidad, de existir desde el punto de vista social;
— pesada: sentimiento de tener un exceso de responsabilidades (hacerse cargo de los padres, etc.).

▪ *Casa*

(Frecuencia: 19 %)

En los sueños, la casa representa el yo. Con frecuencia se asocia con el tiempo de la infancia, con la familia, y casi siempre representa las dudas sobre uno.

Cómo se interpreta:
— mirar por la ventana (desde fuera): ganas, pero simultáneamente miedo de descubrir cosas sobre uno mismo;
— entrar en la casa: entrar en uno mismo, necesidad de introspección, de resolver un problema personal;
— comedor (hogar): búsqueda de intimidad, tratar de comprender los verdaderos sentimientos;
— buhardilla: búsqueda de sentido, necesidad de explicaciones (racionales, espirituales, etc.);
— sótano: inmersión en el inconsciente, exploración de los impulsos y deseos más profundos.

▪ *Cielo*

(Frecuencia: 15 %)

Azul o estrellado, el cielo en el imaginario onírico forma parte siempre de un simbolismo de renacimiento.

Cómo se interpreta:
— cielo azul: deseo de inocencia, de recuperar el alma de niño;
— cielo estrellado: seguir la intuición.

- *Círculo*

(Frecuencia: 31,5 %)

Símbolo del cielo, el círculo es la figura geométrica más presente en los sueños. Es al mismo tiempo lo que protege y lo que encierra, y significa siempre un deseo de transformación, un periodo de evolución personal.

Cómo se interpreta:
— anillo: deseo o sentimiento de apego, de fidelidad, de permanencia;
— collar: deseo o sentimiento de dependencia (con respecto a un hombre, una situación);
— balón, bola: necesidad de autonomía (con respecto a los padres, a la sociedad);
— bola, esfera: relación conflictiva con la madre, a la vez adhesión consciente junto con un fuerte rechazo inconsciente;
— burbuja: deseo de volver a centrarse (en el yo), de protegerse (con respecto al ambiente);
— rueda: sentimiento de verse arrastrado a una situación que no se ha buscado.

- *Coche*

(Frecuencia: 11 %)

Como la casa, el coche simboliza el yo. Todo lo que le ocurre es lo que le sucede a usted (o lo que tiene miedo de que le pase).

Cómo se interpreta:

Según lo que sucede en el sueño:
— ha dejado de funcionar (neumáticos pinchados, no arranca): en este momento las cosas no funcionan para usted;
— intenta frenar sin éxito: se siente arrastrado a una situación que no controla;

— choca con otros coches: relaciones conflictivas con personas cercanas, etc.

- *Corona*

(Frecuencia: 6 %)

La corona en un sueño significa la pareja, en particular la unión padre-madre.

Cómo se interpreta:
— sola: deseo de resolver el conflicto edípico (o de reunir a los padres si están separados);
— en una reina o una princesa: identificación positiva con la madre;
— en un rey o un príncipe: reconocimiento de la autoridad paterna;
— coronarse uno mismo: ocupar el lugar de la madre.

- *Dientes (perderlos)*

(Frecuencia: 7 %)

En los sueños, los dientes se relacionan con la energía vital, la agresividad, la combatividad (sin dientes para comer, los animales mueren) y el narcisismo (también se enseñan los dientes al sonreír).

Cómo se interpreta:

Los sueños en los que se pierden los dientes se relacionan siempre con agresiones narcisistas en la vida cotidiana, con sentimientos de impotencia y con la angustia de castración.

- *Dormir*

(Frecuencia: 6 %)

Para soñar hay que dormir (no siempre), pero dormir es a veces también un elemento del sueño: uno sueña que sueña.

Cómo se interpreta:
— dormirse (en sueños): necesidad de recuperar las fuerzas;
— despertarse (en sueños): rechazo del sueño que se está teniendo, intento (fallido) de escapar de él.

- *Edad Media*

(Frecuencia: 6 %)

En los sueños, la Edad Media simboliza un periodo que va del principio de la pubertad al final de la adolescencia. Casi siempre refleja los tormentos de la confrontación edípica con los impulsos contradictorios (deseos y angustias).

Cómo se interpreta:

En función de si el sueño tiene o no un tono angustioso (fijación o resolución de la situación edípica) y de los demás elementos presentes con frecuencia (rey, reina, espada, cruz, fortaleza...).

- *Espejo*

(Frecuencia: 10 %)

En su primera acepción, el espejo constituye un símbolo narcisista («Dime quién es la más guapa»). Además, significa casi siempre un deseo de ver (y de ir) más allá de las apariencias.

Cómo se interpreta:
En función de lo que vea:
— se ve feo (los espejos de los sueños deforman más que los reales): rechazo de su feminidad (para los hombres: de su masculinidad);
— se parece a Angelina Jolie/Brad Pitt: narcisismo triunfante;
— no se ve: es un vampiro.

- *Estrella*

(Frecuencia: 15 %)

La estrella en el imaginario es una fuerza femenina (como el agua, la luna, etc.), pero simboliza su misterio e imprevisibilidad.

Cómo se interpreta:
— dibujada o recortada: desconfianza con respecto a la propia feminidad, o bien actitud puritana;
— en el cielo: deseo de realizarse como mujer o también realización de la propia feminidad;
— estrella de mar: identificación positiva con la madre;
— estrella de cuatro puntas: dificultades para conseguir la autonomía con respecto a la madre.

- *Fantasma*

(Frecuencia: 2 %)

El fantasma simboliza la frontera entre el mundo visible/consciente y el mundo invisible/inconsciente.

Cómo se interpreta:
— amenazador: impulsos, sentimientos reprimidos;
— simpático: realización de un deseo;
— relacionado con un pariente desaparecido: trabajo de duelo.

- *Flor*

(Frecuencia: 22,8 %)

En un ramo, en el campo, en un tejido, en papel pintado… Las flores siempre se relacionan en nuestros sueños con una problemática de realización: expresan una necesidad de evolución personal.

Cómo se interpreta:
— mirar una flor: acto de fe, ganas de ver las cosas (una situación, un hombre…) con ingenuidad;

- dar una flor: necesidad, deseo de confiar en alguien;
- coger una flor: deseo de sacrificio (perder la virginidad, las ilusiones...);
- flor carnívora: madre castradora.

- *Fuego*

(Frecuencia: 19 %)

Calienta e ilumina, pero también puede destruir... En los sueños el fuego siempre es significativo de un deseo de cambio (de las cosas, de una situación, de uno mismo...), de evolución personal.

Cómo se interpreta:

Según el tipo de fuego:
- vela: deseo o sentimiento de continuidad (tomar el relevo de los padres, desear hijos, etc.);
- tea, antorcha: deseo de aclaraciones (sobre uno mismo, sobre los acontecimientos...);
- chimenea: necesidad de hogar, de refugio y de intimidad, pero también deseo/miedo de penetración (sexual);
- carbón: carencia, frustraciones sexuales e incluso sentimientos de frigidez;
- hoguera: deseo de virginidad (o bien ha visto demasiadas veces *Juana de Arco*);
- fuegos artificiales: deseo, necesidad de moverse, de avanzar, de evolucionar (desde el punto de vista material y psicológico);
- relámpago (el fuego que baja del cielo): culpabilidad con respecto al padre, a la ley.

- *Gafas*

(Frecuencia: 4 %)

Véase *Ojos*.

- *Gato*

(Frecuencia: 11 %)

El gato es un símbolo de libertad interior, de independencia. A la vez salvaje (colmillos, garras como la pantera o el tigre) y doméstico, es siempre representativo de la relación con la familia.

Cómo se interpreta:

En función de su actitud:
- agresivo: temores relacionados con un cambio familiar;
- juguetón: deseos de apertura al exterior, o bien adaptación adecuada a una situación que resulta completamente nueva;
- dormido: disponibilidad, deseo de emancipación;
- mimoso: deseos sexuales.

- *Hacer el amor*

(Frecuencia: 2,5 %)

Todavía en mayor medida que los demás sueños, nuestros sueños eróticos ocultan en muchas ocasiones bastante más de lo que muestran. Nunca se tome las cosas al pie de la letra.

Cómo se interpreta:
- hacer el amor en privado: sueño picante, a veces expresión de deseos reprimidos (sadomasoquismo, exhibicionismo, etc.);
- hacer el amor en público: provocación o inhibiciones (los espectadores representan a los padres);
- hacer el amor con un desconocido: deseos de carácter incestuoso con respecto al padre;
- ver a unos desconocidos haciendo el amor: interrogaciones sobre la sexualidad de los padres (que son los desconocidos).

- *Hermana*

(Frecuencia: 6,5 %)

En un sueño casi siempre interpreta su propio papel, aunque a veces también sirve de sustituto materno o personal.

Cómo se interpreta:
— hermana menor: sentimientos de rivalidad, de celos (mayores cuanta más complicidad exista en el sueño);
— hermana mayor: sustituta de la madre, o bien desplazamiento de las proyecciones edípicas;
— asociada con familiares (padre, madre, etc.) en un sueño de mujer: es usted misma. Lo que le ocurre es lo que podría ocurrirle a usted.

- *Hermano*

(Frecuencia: 5,5 %)

En los sueños, el hermano, para un chico o una chica, interpreta a veces su propio personaje, aunque a menudo también representa un sustituto paterno: lo que pasa con él es revelador de los sentimientos y deseos que se experimentan por el padre.

Cómo se interpreta:
— hermano menor: sentimientos de celos y, a veces, violenta agresividad contra la madre (que le trajo al mundo);
— hermano mayor: ambivalencia entre el rechazo y el deseo hacia el padre.

- *Hombre*

(Frecuencia: 20 %)

Un hombre en su sueño (aunque no tenga rostro) representa su componente masculino, salvo que sea

alguien que conoce (un pariente, su pareja, el carnicero de la esquina...) o en el caso de que se trate de un personaje funcional (presidente, leñador, rey, sacerdote...).
Cómo se interpreta:
En función del tono afectivo del sueño:
— agradable: buena integración de la parte masculina (para los hombres: afirmación de la virilidad);
— desagradable: rechazo de lo masculino en uno mismo (para los hombres: afirmación de la parte femenina).

- *Luna*
(Frecuencia: 10 %)
En el inconsciente, la luna se confunde con la madre (su símbolo por excelencia) y la feminidad.
Cómo se interpreta:
— luna llena: sentimientos de culpa provocados por la rivalidad con la madre (para los hombres: deseos edípicos hacia la madre);
— cuarto creciente o menguante: reconciliación con la madre;
— avanzar hacia la luna: necesidad de ternura;
— entrar en la luna: tomarse por la propia madre (para los hombres: deseo de ser una mujer).

- *Madre*
(Frecuencia: 23 %)
La madre se manifiesta a menudo en nuestros sueños bajo formas simbólicas: la luna, una reina, una cierva... Cuando aparece a cara descubierta, con frecuencia es ambivalente: es a la vez ella misma y un símbolo de maternidad.

Cómo se interpreta:
Tres posibilidades:
— cumple su función de madre como en la vida cotidiana: sin novedad;
— aparece en una situación cargada de elementos negativos: sentimientos de rivalidad (recíprocos);
— la carga de su sueño resulta agradable: identificación positiva o bien deseo de maternidad.

- *Manos*

(Frecuencia: 28 %)

Salvo cuando tienen una función puramente utilitaria, las manos en los sueños expresan casi siempre una relación conflictiva con el mundo exterior.

Cómo se interpreta:
— manos cerradas: impulsos agresivos;
— manos abiertas: necesidad de comunicación (en función del personaje o personajes que vea);
— manos extendidas: deseo de reconciliarse con la madre;
— manos enguantadas: necesidad de reconciliarse con el padre;
— manos juntas: solución de una situación conflictiva (familiar, social, etc.);
— manos asociadas con un volante, un manillar, unas riendas…: necesidad de controlar los acontecimientos, de dominar una situación.

- *Mar*

(Frecuencia: 34 %)

El mar de nuestros sueños es el gran símbolo materno por excelencia, a causa de la semejanza mar/madre, pero también porque la vida, la de los mamíferos (usted, yo), en su origen, proviene del mar y porque, siendo fetos, todos nosotros (¿usted no?) chapoteamos nueve meses en las aguas maternas.

Cómo se interpreta:
En función del tono afectivo del sueño:
— nada, se hace el muerto: aceptación de la feminidad;
— se sumerge, bucea: comunicación con el inconsciente, ligera regresión (para recuperarse);
— se ahoga: miedo de sus impulsos profundos, a veces de la maternidad;
— se hunde: se cree una especie de Leonardo DiCaprio, un adonis.

- *Montaña*
(Frecuencia: 21 %)
La montaña es el símbolo de lo inmutable y, a menudo en nuestros sueños, un símbolo fálico.
Cómo se interpreta:
Directamente en función de los sentimientos que genera en usted: temor, respeto, impresión de ser aplastado, ganas de saltar, etc.

- *Muerte*
(Frecuencia: 19 %)
La aparición de la Muerte (vestida de negro, con guadaña, etc.) en un sueño marca siempre el final de un ciclo o de una situación personales.
Cómo se interpreta:
— más percibida que realmente vista, apenas entrevista: rechazo de desembarazarse del pasado, de romper, angustia de separación;
— mirada de frente: aceptación de avanzar, de volver a empezar.

- *Mujer*

(Frecuencia: 24,5 %)

La aparición de una mujer anónima en un sueño es siempre reveladora de su propia imagen femenina.

Cómo se interpreta:

Según su aspecto:
— guapa: restauración del narcisismo personal;
— fea: degradación de su imagen narcisista;
— vieja: angustia metafísica.

- *Muñeca*

(Frecuencia: 3 %)

Barbie o no, la muñeca en un sueño simboliza a la niña triste. Representa, tanto para un hombre como para una mujer, la suma de las prohibiciones que sufre o se impone, la prisión de las conformidades (sexuales, sociales, culturales...).

Cómo se interpreta:

Dos posibilidades:
— sensación de que las cosas no avanzan en su cabeza, en su vida;
— sentimientos de culpa, a veces relacionados con la desaparición de un hermano o hermana menores.

- *Muro*

(Frecuencia: 18,5 %)

En los sueños, como en la vida, el muro es ante todo un símbolo de separación. Representa casi siempre un obstáculo, personal (interno) u objetivo, que debe superarse.

Cómo se interpreta:

En función de lo que pase en el sueño. Mientras trate de rodearlo, escalarlo o atravesarlo sin éxito, es que no consigue resolver su problema. En cambio, en cuanto consigue pasar al otro lado, el problema está resuelto: queda liberado.

- *Nadar*
(Frecuencia: 12 %)
Véase *Agua* y *Mar*.

- *Negro*
(Frecuencia: 51 %)
Muy presente en un sueño (noche, decoración...), el negro es ambivalente: se trata, de manera simultánea, del síntoma de que algo va mal (revela un estado neurótico) y a la vez de un signo de evolución positiva, de restablecimiento.
Cómo se interpreta:
— negro absoluto: degradación de la relación con los padres, de forma particular con el padre;
— asociado con el amarillo: sentimientos ambivalentes hacia el padre (deseo/miedo) y culpabilidad edípica.

- *Niña*
(Frecuencia: 12 %)
Una niña (de entre 3 y 12 años) refleja la alegría de los tiempos felices; con frecuencia también es representativa de las primeras heridas afectivas sufridas en la más tierna infancia.
Cómo se interpreta:
— asociada con parientes (padre, madre, abuelo, etc.), le representa directamente: lo que le ocurre en el sueño es lo que le ocurre a usted; si es usted un chico, es señal, además, de que no se ha cortado el cordón umbilical con la madre;

— no vinculada a figuras familiares: deseo de reconquistar una libertad perdida, de emanciparse de las prohibiciones familiares.

• *Niño*

(Frecuencia: 6%)

A diferencia de las niñas, los niños que aparecen en nuestros sueños reflejan una problemática de incertidumbre, de irresolución. Expresan casi siempre un obstáculo, una vacilación.

Cómo se interpreta:

— niño conocido (un primo, un compañero del parvulario, etc.): sustituto de un hermano;
— anónimo: es usted mismo; con frecuencia indica el pesar que siente una muchacha por no ser un chico (por no poder hacerlo todo), revela una frustración, un sentimiento de castración; y para un muchacho, sugiere en la mayoría de los casos una sensación de impotencia, de no estar a la altura (en determinada situación actual).

• *Número 2*

(Frecuencia: 39%)

La aparición del número 2 en una pared o una hoja (de la Lotería Primitiva), o bien la percepción de elementos que van por pares (dos elefantes, dos grifos, etc.) es siempre significativa de una contradicción, de la necesidad de elegir.

Cómo se interpreta:

En función de los demás elementos del sueño. Puede ser una elección sentimental (¿papá o mamá? ¿Javier o Francisco?), moral (el bien y el mal), narcisista (¿ser o aparentar?) o práctica (¿esperar o actuar?).

- *Número 3*
(Frecuencia: 13 %)
El número 3 o todas las cosas que van de tres en tres en los sueños (tres flores, tres patatas fritas en el plato, etc.) simbolizan siempre el triángulo familiar («papá, mamá y yo»).
Cómo se interpreta:
En función del tono afectivo del sueño:
— agradable: reubicación positiva en el triángulo familiar (situación que se arregla o resolución del conflicto edípico);
— desagradable: cambio negativo en las relaciones.

- *Ojos*
(Frecuencia: 21 %)
Los ojos simbolizan la conciencia y la lucidez, pero también tienen una connotación sexual.
Cómo se interpreta:
— ojos desorbitados: sustituto del pene, apetencias sexuales;
— ojos sacados: ceguera relacionada con una culpabilidad (Edipo se saca los ojos cuando toma conciencia de que ha matado a su padre y se ha acostado con su madre);
— un ojo sacado: deseo o temor de una penetración de carácter sexual;
— ojo que mira: sentimientos de culpa (el ojo que mira a Caín en la tumba), necesidad o miedo de ser visto por los padres (ojo derecho = padre; ojo izquierdo = madre);
— gafas: rechazo de ver lo que debe ver, ganas de ser mirado o miedo de dejar ver sus verdaderos sentimientos.

- *Padre*

(Frecuencia: 21 %)

Como la madre, con frecuencia el padre aparece codificado (el sol, el rey, el león, un gran mono...) en nuestros sueños. Cuando se manifiesta de forma clara, o bien se relaciona con un episodio de la vida cotidiana, aunque sin significado particular, o bien marca un momento especial de la evolución personal.

Cómo se interpreta:
En función del tono afectivo del sueño:
— malestar: angustia y sentimiento de castración;
— bienestar: resolución de los sentimientos edípicos y adquisición de autonomía personal.

- *Pene*

(Frecuencia: 3 %)

A menudo, el pene en los sueños de las chicas no tiene nada de objeto erótico: no está ahí para el placer, sino para simbolizar el deseo.

Cómo se interpreta:
Dos posibilidades:
— expresa una reivindicación (del pene), un deseo de revancha con respecto a los hombres, deseos de tener un bebé o bien una rivalidad sexual con otro hombre (el padre, un hermano, un familiar de sexo masculino, etc.);
— revela una relación edípica con el padre (deseo de ser poseída por él).

- *Perro*

(Frecuencia: 16 %)

A diferencia del gato, que significa siempre un cambio, el perro es un símbolo de estabilidad, salvo que esté vinculado a un recuerdo real traumatizante (un día tuvo mucho miedo de un pitbull, le mordió un yorkshire, etc.).

Cómo se interpreta:
— perro conocido (el suyo, el del vecino, etc.): deseo o sentimiento de seguridad;
— perro desconocido: deseo de evolución, de superar límites;
— perro desconocido y amenazante: miedo de una situación nueva.

- *Pez*

(Frecuencia: 15 %)

El simbolismo del pez, o más bien de los peces, pues en nuestros sueños suelen ser más de uno, resulta inseparable del simbolismo materno. La ecuación resulta extremadamente sencilla: pez/agua = usted (feto)/aguas intrauterinas.

Cómo se interpreta:
— peces de agua dulce, que remontan el río: echa de menos a su madre (incluso y sobre todo si vive bajo su techo);
— peces de agua dulce, que descienden la corriente: necesidad de liberarse de la autoridad materna;
— peces de agua de mar: muy positivo, salvo en caso de sentimiento de angustia: inmersión en las emociones más profundas, recuperación mental.

- *Piedra*

(Frecuencia: 16 %)

En nuestros sueños, las piedras, ya sean guijarros, rocas o menhires, se asocian siempre con el peso del cuerpo o con una situación pesada.

Cómo se interpreta:
- piedras en general: sentimiento de petrificación a consecuencia de una agresión (externa o enfermedad) o de un duelo;
- piedras levantadas (menhir, dolmen...): deseo de elevación, de salir definitivamente de una situación estancada;
- tirar piedras: liberarse de todo lo que pesa y que bloquea sus deseos y acciones (limitaciones materiales, culturales, etc.);
- búsqueda de piedras preciosas: deseos de presunción;
- descubrimiento de piedras preciosas: deseos de autenticidad;
- guijarros: regresión al vientre materno, vuelta al útero protector;
- rocas (grutas, cavernas...): regreso al vientre materno para renacer.

- *Pies*

(Frecuencia: 19 %)

En el imaginario colectivo, los pies manifiestan casi siempre una contradicción entre deseos físicos (instintivos, sexuales, materiales) y espirituales (libertad, independencia).

Cómo se interpreta:
- pies descalzos: sentimiento de libertad (reconquistada o a punto de serlo);
- pies atados: sentimientos de impotencia;
- pies palmeados: angustia sexual, sentimiento de castración;
- patada: deseo de rebelión, rechazo de lo que ha adorado.

- *Playa*
(Frecuencia: 16 %)
Véase *Arena.*

- *Príncipe*
(Frecuencia: 1 %)
Muy presentes en los cuentos de hadas y las películas, los príncipes, al igual que las princesas, raramente se manifiestan durante el sueño. Siempre indican un momento de despertar, de evolución personal (como el príncipe azul).
Cómo se interpreta:
Tres posibilidades:
— expresa una espera;
— indica el paso definitivo de la adolescencia a la edad adulta;
— revela la parte masculina en el caso de una mujer; el ideal del yo, en el caso de un hombre.

- *Puerta*
(Frecuencia: 16 %)
Como el muro, las puertas de nuestros sueños nos muestran el paso que hay que franquear, significan lo que queremos ignorar o descubrir de nosotros mismos: ocultan para revelar mejor.
Cómo se interpreta:
— puerta cerrada: representa la agresividad, los impulsos reprimidos;
— puerta que se abre por sí sola: aceptación del propio yo y también de los impulsos;
— puerta que se abre a la nada (vacío, negrura absoluta): implica una angustia existencial generada por la duda.

- *Reina*

(Frecuencia: 3 %)

La reina es el símbolo del ideal femenino. Representa a la madre.

Cómo se interpreta:
— asociada con elementos positivos (palacio, joyas, corona, etc.): deseo de seducir al padre, de casarse con él, de usurpar el lugar materno; en un hombre es señal de relaciones positivas con la madre y las mujeres en general;
— con una carga negativa (amenazadora, similar a una bruja...): angustia ante la idea de ocupar el lugar de la madre; en un hombre es señal de relaciones conflictivas con la madre y las mujeres en general.

- *Rojo*

(Frecuencia: 41 %)

Dominante en un sueño, el color rojo es un símbolo de vida, de amor (pasión) e incluso de violencia.

Cómo se interpreta:
— rojo absoluto: impulsos, deseo de apertura a los demás, de implicación en el mundo, periodo crucial en la evolución personal;
— asociado con el amarillo: resolución del conflicto edípico, integración en sí de la parte femenina y masculina;
— opuesto al negro: deseo de pene, impulsos agresivos, neurosis sexual.

- *Sangre*

(Frecuencia: 11 %)

En los sueños, la sangre es la vida, la emoción, la pasión.

Cómo se interpreta:
- ver las propias venas y arterias: necesidad de introspección, de intimidad;
- derramar sangre: necesidad de cambio en una relación;
- perder sangre: implica un deseo de renovación personal;
- hemorragia: necesidad de purificación;
- ver un charco de sangre: sentimientos de culpa relacionados de una manera u otra con la sexualidad (sangre menstrual, de la desfloración, de un aborto voluntario o no);
- rasguños: recuperación del equilibrio emocional.

- *Serpiente*

(Frecuencia: 13 %)

La serpiente (que tentó a Eva) simboliza el deseo. Por supuesto, tiene un significado fálico y un valor iniciático: la serpiente/falo que convierte a la niña en mujer y al niño en hombre.

Cómo se interpreta:

En función de su actitud y de su entorno:
- amenazadora: impulsos reprimidos, angustias sexuales o temor a la sexualidad (en el caso de que usted sea virgen);
- no amenazadora: deseo de perder la virginidad o de transgredir prohibiciones si ya la ha perdido;
- asociada con un fuerte símbolo paterno (sol, rey...): deseo del padre para las chicas, voluntad de afirmación para los chicos;
- asociada con un símbolo materno (luna, reina...): rivalidad sexual para las chicas, deseo de la madre para los chicos.

- *Sirena*

(Frecuencia: 2 %)

La sirena representa un regreso a las aguas maternas y una inmersión en el inconsciente personal.

Cómo se interpreta:
— sirena varada, con dificultades para moverse: insatisfacción sexual;
— nadando o bronceándose: desaparición de las inhibiciones sexuales (relacionadas con las prohibiciones).

- *Sol*

(Frecuencia: 36 %)

El sol, calor y luz, principio masculino, es el símbolo por excelencia del padre, como la luna lo es de la madre.

Cómo se interpreta:
— pleno sol agresivo (que quema): dificultad para soportar la autoridad paterna;
— pleno sol benevolente (que calienta): sentimiento de estar protegido por el padre;
— sol naciente: disipación de las angustias y los problemas;
— sol poniente: sentimientos depresivos;
— avanzar hacia el sol: falta o deseo del padre;
— entrar en el sol: deseo de ser un hombre;
— sol negro: relación conflictiva con el padre;
— eclipse: conflicto con los dos progenitores.

- *Subir*

(Frecuencia: 14 %)

Subir una escalera, escalar un acantilado, trepar... significa siempre un deseo de superación (de uno mis-

mo, de las propias limitaciones), una necesidad de alejarse de todo lo que clava al suelo y nos obliga a poner los pies en la tierra (los demás, una situación, los bloqueos personales...).
Cómo se interpreta:
En función del tono afectivo del sueño: dificultades para avanzar (la escalera se estrecha), angustia al mirar hacia abajo o, al contrario, facilidad, sensación de liberación.

- *Triángulo*
(Frecuencia: 8 %)
Como el número 3, el triángulo es un símbolo de la dinámica familiar (con frecuencia se emplea en psicoanálisis la expresión *triángulo edípico* para ilustrar las relaciones entre padre, madre e hijo).
Cómo se interpreta:
— hacia arriba: predominio del polo masculino (del padre, de usted o de su parte masculina, en función del sexo); en ocasiones sustituto fálico;
— hacia abajo: predominio del polo femenino (de la madre, de usted o de su parte femenina, en función del sexo) y también, a veces, símbolo vaginal;
— ni hacia arriba ni hacia abajo: expresa la armonía familiar.

- *Verde*
(Frecuencia: 37 %)
El color verde, recurrente en un sueño (prado, ropa, decoración...), simboliza la esperanza. Tanto en los sueños masculinos como en los femeninos, representa casi siempre una fase de renacimiento, un periodo de crecimiento.

Cómo se interpreta:
— verde absoluto: señal de evolución positiva, de reconciliación con una persona cercana (familiar, novio...);
— verde y rojo: desaparición de los sentimientos negativos hacia los progenitores, en particular el padre, restablecimiento de la confianza.

- *Volar*

(Frecuencia: 16 %)

El vuelo en pleno cielo, sin artificios (avión, cohete espacial, etc.), significa siempre un deseo o un sentimiento de emancipación. A menudo se relaciona con una sublimación de los impulsos sexuales y expresa a veces una voluntad de poder.

Cómo se interpreta:
En función de sus sensaciones mientras está en pleno vuelo.

- *Zapatos*

(Frecuencia: 8,5 %)

Dos veces más presente en los sueños de las mujeres que en los de los hombres, el zapato es un fuerte símbolo sexual (recuérdese el cuento de la Cenicienta, en el que pie = pene y zapato = vagina).

Cómo se interpreta:
— quitarse los zapatos: liberarse de las inhibiciones;
— zapatos rojos: deseo de relaciones sexuales;
— zapatos que hacen daño: insatisfacción sexual;
— botas: sentimientos de frustración (ternura);
— botas de siete leguas: voluntad de poder.

Índice

Introducción	7
El rostro	9
La estructura	9
El marco	11
El área dominante	13
El modelado	16
La frente	17
La nariz	22
La boca	29
La barbilla	33
Los ojos	40
Las cejas	40
La forma de los ojos	44
El color de los ojos	47
La mirada	49
El cuerpo	52
Área superior dominante	52
Área mediana dominante	57
Área inferior dominante	62
Equilibrio de las tres áreas	66
El «quinto elemento»	70
El grupo sanguíneo	73
Grupo A («armónico»)	73
Grupo B («rítmico»)	74

Grupo 0 («melódico»)	74
Grupo AB	75
LAS MANOS	76
Los contornos	76
Las proporciones	82
Las líneas de la mano	85
Los dedos	91
Las falanges	96
El pulgar	98
Las uñas	102
Las huellas digitales	106
Cuando las manos nos traicionan	109
LA CALIGRAFÍA	114
La dirección de la letra	115
Los espacios entre caracteres	117
La forma de la letra	118
La continuidad de la grafía	120
La rapidez del trazo	121
La presión	123
La dimensión	124
La disposición del texto	127
La firma	130
EL CARÁCTER	135
LA FORMA DE INTELIGENCIA	149
LA AUTOESTIMA	168
LAS EMOCIONES	177
EL TIPO PSICOSEXUAL	187
Cuestionario «para mujeres»	187
Cuestionario «para hombres»	191
LA ESPIRITUALIDAD	205
EL SIGNO ASTROLÓGICO	213
Aries	213
Tauro	216
Géminis	219

Cáncer	221
Leo	224
Virgo	227
Libra	229
Escorpio	232
Sagitario	235
Capricornio	237
Acuario	240
Piscis	243
EL HORÓSCOPO CHINO	246
La Rata	251
El Búfalo	252
El Tigre	253
La Liebre	254
El Dragón	255
La Serpiente	256
El Caballo	257
La Cabra	258
El Mono	259
El Gallo	260
El Perro	261
El Cerdo	262
LOS SUEÑOS	264
10 preguntas frecuentes sobre los sueños	264
¿Qué pasa cuando dormimos?	268
Diez claves para interpretar los sueños	269
¿Cómo guiar los sueños?	272
Todo lo que se oculta detrás de nuestros sueños	275
En mi sueño, salía…	277

www.ingramcontent.com/pod-product-compliance
Lightning Source LLC
Chambersburg PA
CBHW050515170426
43201CB00013B/1972